Montessori-Pädagogik in der Kita

Pädagogische Ansätze auf einen Blick
Montessori-Pädagogik in der Kita

Ulrich Steenberg

Montessori-Pädagogik in der Kita

HERDER

FREIBURG · BASEL · WIEN

www.herder.de

Umschlaggestaltung: SchwarzwaldMädel, Simonswald
Umschlagfoto und Fotos im Innenteil: Harald Neumann, Freiburg
Foto S. 74 Maria Montessori: © Association Montessori Internationale (AMI), Amsterdam
Satz und Gestaltung: Claudia Wild, Konstanz

Herstellung: Graspo CZ, Zlín
Printed in the Czech Republic

ISBN 978-3-451-32872-5

Inhalt

Einleitung ... 6

1 Grundgedanken der Montessori-Pädagogik ... 9
1.1 „Die Kinder sind es, die mich alles gelehrt haben.“ ... 10

2 Das Konzept ... 13
2.1 „Das Kind ist der Baumeister des Menschen“ – Montessoris Anthropologie der Kindheit ... 14
2.2 Verantwortete Freiheit – Weg und Ziel der Montessori-Pädagogik ... 16
2.3 Polarisation der Aufmerksamkeit – das Montessori-Phänomen ... 19
2.4 Alles zu seiner Zeit – Montessoris Theorie der sensiblen Phasen ... 21
2.5 Vorbereitete Umgebung und das Montessori-Material – Schlüssel zur Welt ... 29
2.6 Eltern – Erzieher – Lehrer: Montessori-Pädagogen ... 37

3 Montessori-Pädagogik in der Praxis ... 41
3.1 Vorgeburtliche Entwicklung, erstes Lebensjahr und die Montessori-Krippe (nido dei bambini) ... 42
3.2 Das Montessori-Kinderhaus – casa dei bambini ... 51
3.3 Montessori-Praxis im Alltag des Kinderhauses – die Materialien ... 56
3.4 Montessori-Pädagogik und Inklusion ... 73

4 Maria Montessori – ein Leben für Kinder ... 74

Literatur – Medien – Kontakte ... 77

Einleitung

„Als Oberbürgermeister habe ich natürlich ein großes Interesse daran, dass wir ein Bildungsangebot haben, welches vor allen Dingen hochqualifizierte Fachkräfte mit ihren Familien in unsere Stadt ziehen lässt. Seit zehn Jahren konnte ich nun (...) erleben, dass Montessori-Pädagogik, und ich sage dies sehr bewusst, für unsere Stadt ein echter Standortvorteil ist. Ich hätte nie gedacht, dass Eltern sich so ausdrücklich für ein pädagogisches Konzept interessieren und sogar ihre Arbeitsplatzwahl daran ausrichten. Ich freue mich, dem örtlichen Montessori-Verein zum 20. Jubiläum gratulieren zu dürfen und tue dies auch im Namen des Stadtrates."

Als der Oberbürgermeister einer süddeutschen Universitätsstadt diesen Einstieg in seinem Grußwort wählte, musste ich doch ein wenig nach Luft schnappen, denn dergleichen hatte ich in dieser Weise und mit dieser Klarheit von einem Politiker noch nicht gehört. Hier wurde anerkannt, was inzwischen nicht nur in dieser Stadt geschieht: Eltern richten ihren Arbeits- und Wohnort nach der Qualität des Kindergartens, einer adäquaten Grundschule und möglicherweise noch einer möglichen weiterführenden Schule aus. Und so konnte ich mit Fug und Recht für meinen Festvortrag das ergänzende Motto wählen: „Warum Montessori-Pädagogik für eine bildungsbewusste Stadt ein Standortvorteil ist".

Doch gibt es auch ganz andere Erfahrungen, die vor allen Dingen Trägern, aber mittelfristig gewiss gleichermaßen den Mitarbeiterinnen und Mitarbeitern in Kindergärten Sorge bereiten dürften: „Es ist ja allgemein bekannt, dass die Kinderzahl in Deutschland sehr stark abnimmt. Wir übertünchen dies im Augenblick dadurch, dass wir unsere Einrichtungen um die ersten drei Lebensjahre erweitern. Aber mittelfristig werden wir nur bestehen können mit unserem traditionsreichen Kindergarten, wenn wir ein eindeutiges pädagogisches Profil vorweisen. Mir geht es darum, unseren Standort zu sichern, die Arbeitsplätze unserer Erzieherinnen und Erzieher mittelfristig zu bewahren. Und, weil ich mich als Nicht-Pädagoge darüber sehr gründlich informiert habe, geht dies für mich am besten auf dem Wege der Montessori-Pädagogik. Wir werden also aus unserem Kindergarten innerhalb der nächsten fünf Jahre ein Montessori-Kinderhaus machen", berichtete mir ein Träger eines kirchlichen Kindergartens. Wenn das nur so einfach ginge ...

Es gibt nämlich darüber hinaus so etwas wie eine Abstimmung mit den Füßen. In manchen Regionen Deutschlands, Österreichs und der Schweiz können sich qualifizierte Montessori-Einrichtungen vor Hospitationswünschen kaum retten. Angehende Erzieherinnen und Erzieher, Lehrkräfte aller Schulformen und vor allem Eltern zeigen großes Interesse.

Montessori-Pädagogik ist in Deutschland flächendeckend angekommen. Das schien vor rund 30 Jahren noch nicht möglich. Aber die Erkenntnisse der Hirnforschung und die nachweisbaren Erfolge in Montessori-Einrichtungen für alle Altersstufen haben unter anderem dafür gesorgt, dass Montessori-Pädagogik nicht zu einer Fußnote in der Geschichte der Pädagogik geworden ist, sondern – wenn nicht administrativ aus manchmal sonderbaren Gründen dagegengehalten wird – im deutschsprachigen Raum zunehmend gefragt und angefragt wird. Doch warum genau?

Wir haben es mit einem pädagogischen Konzept für alle Altersstufen zu tun. Montessori-Pädagogik ist ein Konzept, das seit über hundert Jahren weltweit erfolgreich ist, in optimaler Weise die Fähigkeiten eines jeden einzelnen Kindes zu entdecken hilft und aus diesen Fähigkeiten schließlich persönlichkeitsbildende Realitäten hervorbringen kann.

Das Geniale der Montessori-Pädagogik ist ihre Einfachheit. Und diese Einfachheit zu entdecken und für sich wirksam werden zu lassen –, ganz gleich, ob in der Familie, in der Ausbildung zum Erzieherberuf, in der Kita-Praxis, im Pädagogik-Studium oder im Lehrberuf – ist Ziel dieses Buches.

Ich lade alle Leserinnen und Leser herzlich ein, in einen kreativen und konstruktiven Dialog mit dem Autor einzutreten (www.ulrichsteenberg.de). Am besten aber finden Sie Ihre Antwort, wenn Sie in einer Montessori-Einrichtung sehen, was auch Maria Montessori schon vor langer Zeit entdeckt hat: „Kinder sind anders!“

Ulrich Steenberg
Ulm, im Mai 2015

1 Grundgedanken der Montessori-Pädagogik

1.1 „Die Kinder sind es, die mich alles gelehrt haben"

Dieses Montessori-Zitat ist auf den ersten Blick überraschend. Viele pädagogische Entwürfe (mit dem Begriff Konzeptionen oder Konzepte sollte man eher behutsam umgehen) sind, ohne es abfällig zu meinen, eher Schreibtischprodukte und beruhen vornehmlich auf sogenannten Erkenntnissen aus der Perspektive der Erwachsenen. Montessori-Pädagogik setzt völlig anders an: Sie geht konsequent von dem aus, was zu beobachten ist; ihr Ansatzpunkt ist eine wissenschaftliche, naturwissenschaftliche Beobachtung.

Der Montessori-Weg der „Entdeckung des Kindes" ist durchaus anspruchsvoll. Er verlangt nämlich vom Pädagogen nichts weniger als den so genannten Perspektivwechsel. Oft kann man sich des Eindrucks nicht erwehren, dass kluge Köpfe sich Konzepte für Kinder ausgedacht haben und dann alles daransetzen, die Kinder „konzeptkompatibel" zu machen. Doch diese Denkweise ist ein Irrtum. Und deswegen ist die Halbwertszeit mancher so genannter pädagogischer Konzeptionen auch eher gering, denn es erweist sich, dass sie zu wenig konsequent von den Kindern ausgehen, sondern eher von der erwachsenen Vorstellung, wie Kindheit zu sein habe. Es geht nicht darum, mithilfe von möglichst perfekt ausgedachten Plänen möglichst perfekte Kinder zu erziehen. Die Forderung lautet vielmehr: Der Erwachsene muss sich in dem Maße zurücknehmen, wie das Kind an Fähigkeiten gewinnt, und die Realität des Kindes aus dessen Perspektive wahrnehmen – und nicht aus der seinen.

Montessoris naturwissenschaftlicher Zugang zur Realität des Kindes – der neue Weg

Zahlreiche bedeutsame Impulse für pädagogische Neuerungen stammen erstaunlicherweise von Naturwissenschaftlern, insbesondere von Medizinern. Hier sind zum Beispiel der polnische Kinderarzt, Schriftsteller und Pädagoge Janusz Korczak, die Budapester Ärztin Emmi Pikler oder eben Maria Montessori zu nennen. Sie alle verbindet ein starker, naturwissenschaftlich orientierter Ansatz zu Fragen der Bildung und Erziehung.

„Im Unterschied zur Medizin, wo in Kliniken und Labors jede geringste isolierte Erscheinung zum mehrjährigen Forschungsobjekt wird, zeichnet sich die Pädagogik durch die Leichtfertigkeit und Schnelligkeit endgültiger Urteile aus" (Korczak, zit. n. Dauzenroth 1989, S. 60).

Wenn Mediziner eines sehr konsequent und nachhaltig gelernt haben, dann ist das der medizinische Dreischritt: Anamnese – Diagnose – Therapie. Diesen Dreischritt übertragen sie auch und adaptieren ihn für die pädagogische Praxis. Dabei ist der erste Schritt der bedeutsamste: die wert-und vorurteilsfreie Wahrnehmung dessen, was ist. So wird gefordert: „Sehen – oder als Erzieher scheitern“ (a.a.O., S. 64).

Pädagogisch orientierte Anamnese: Unermüdliche Beobachtung

Und genau das ist es, was auch Maria Montessori von jedem Pädagogen verlangt: die Fähigkeit, immer wieder und genau die konkrete Situation eines Kindes wahrnehmen zu können, ohne zu deuten. Man könnte auch sagen: Montessori fordert eine pädagogisch orientierte Anamnese. Doch das geht nicht so leichthin. Insofern muss die Qualifikation zur professionellen Wahrnehmung eine intensiv geübte Fähigkeit werden, die jeden angehenden Pädagogen in besonderer Weise auszeichnet. Wahrnehmen und nicht werten – das ist eine große Herausforderung, zumal Pädagoginnen und Pädagogen sich manchmal auch dabei ertappen, in eine Situation eher mit dem Gefühl und weniger mit professioneller Distanz hineinzugehen.

Pädagogisch orientierte Diagnose: Vorsichtiges Urteilen

Auf eine pädagogische Anamnese folgt nun die pädagogische Diagnose. Einfach formuliert, ist das der Versuch, eine Antwort auf die Frage zu finden: Was ist mit dem Kind aktuell los? Was ist für seine Entwicklung aktuell notwendig? Vor welchen Herausforderungen steht dieses Kind? Und welche Herausforderungen mute ich dem Kind zu?

Wie in der Medizin jeder Patient eine individuelle Antwort auf seine konkrete Situation erwarten darf, gilt dies auch für die Arbeit mit Kindern. Jedes Kind hat ein Recht auf seine eigene pädagogische Antwort – und zwar in Bezug auf die Lebenssituation, in der es sich aktuell befindet.

Dabei sollte sich der Pädagoge jedoch im Klaren darüber sein, dass seine pädagogischen Diagnosen über ein Kind fehlerbehaftet sein können. Erzieherisches Handeln muss immer unter dem Vorbehalt der Vermutung und der Annahme stehen, dabei getragen von der Hoffnung, das Richtige und Wichtige erkannt zu haben, um das Notwendige tun zu können. Wenn Pädagoginnen und Pädagogen eine Aussage darüber wagen, was mit einem Kind „los“ ist, sollten sie sehr vorsichtig dabei vorgehen – eingedenk der Tatsache, dass sie sich durchaus geirrt haben könnten.

Pädagogisch orientierte Therapie: Illusionsloses Handeln

Montessori-Pädagogik steht immer unter einem Erkenntnisvorbehalt, weil sie sich radikal und konsequent am Kind orientiert. Und aus dieser Perspektive nähert sie sich behutsam dem dritten Schritt: der Therapie. Wenn ein Mediziner therapiert, kann er in der Regel recht schnell erkennen, ob er richtig diagnostiziert hat. Beim erzieherischen Handeln ist dies ungleich schwieriger. Pädagogen dürfen sich keine Illusionen über den Erfolg ihrer Bemühungen machen. Pädagogisch gewendet, ist es wohl besser, statt von Therapie von einem „illusionslosen Handeln“ zu sprechen.

Montessori ist sich der zahlreichen Fehlerquellen erzieherischen Handelns durchaus bewusst. Deswegen ist es von höchster Bedeutung, im Nachgang zur unermüdlichen Beobachtung, die ja Voraussetzung für eine Bedürfnisanalyse ist, trotz aller Bemühung „illusionslos“ zu handeln. Kindliche Launenhaftigkeit zum Beispiel sieht Montessori-Pädagogik in diesem Zusammenhang nicht als ein primäres Problem des Kindes, sondern eher als Anlass für den Pädagogen, darüber nachzudenken, ob dem Kind nicht vielleicht eine angemessen intellektuelle und/oder physisch herausfordernde Umgebung fehlt. In der Konsequenz sind materielle und vor allem personale Bedingungen zu schaffen, die dem Kind helfen, seine Möglichkeiten zur Entfaltung zu bringen.

Interdisziplinärer Ansatz

Montessori verlangt deshalb eine „vorbereitete Umgebung“. Sie selbst hat ihre Praxis stets ausgehend von den neuesten naturwissenschaftlichen Erkenntnissen verschiedenster Disziplinen befragt. Dieser interdisziplinäre Ansatz der Montessori-Pädagogik gilt auch heute noch. Die Erkenntnisse der Humangenetik, der Neurologie, Psychologie, der Verhaltensbiologie, die zahlreichen Erfahrungen der Pädiater – all das und noch mehr fließen in die Diskussion ein und tragen zur kontinuierlichen Weiterentwicklung der Montessori-Pädagogik bei. Deswegen kann man ohne Weiteres sagen: Montessori-Pädagogik vertritt nicht eine Dogmatik, sondern ist entwicklungsoffen und zukunftsorientiert.

2
Das Konzept

2.1 „Das Kind ist der Baumeister des Menschen" – Montessoris Anthropologie der Kindheit

> „Man sieht oft den einzigen Wert des Kindes für die Menschheit in der Tatsache, dass das Kind in Zukunft ein Erwachsener sein wird. So verlegt man des Kindes Wert für die Menschheit ausschließlich in die Zukunft. Das lässt sich nicht rechtfertigen. Das Kind ist ein wichtiges menschliches Wesen in sich selbst. (...) Das Kind und der Erwachsene sind zwei verschiedene Teile der Menschheit, die aufeinander einwirken und bei gegenseitiger Hilfe in Harmonie sein sollen. Es ist also nicht so, dass der Erwachsene dem Kind helfen muss, sondern auch das Kind muss dem Erwachsenen helfen" (Montessori 1964, S. 223 f.).

Viele Eltern tragen einen Entwurf von der Zukunft ihres Kindes in sich. Und was tun sie nicht alles, um diesen Entwurf Wirklichkeit werden zu lassen. Oft sind sie dann enttäuscht, wenn das Kind sich ganz anders entwickelt, obwohl sie doch nur das Beste für ihr Kind wollten. Das Erste, was Montessori von allen, die es mit Kindern zu tun haben, verlangt, besteht darin, sich von diesem Machbarkeitswahn und allen Machtansprüchen zu verabschieden.

> „Das Kind ist nicht ein leeres Gefäß, das wir mit unserem Wissen angefüllt haben und das uns alles verdankt. Nein, das Kind ist der Baumeister des Menschen" (Montessori 1972, S. 13).

Die im Kind angelegten Potenzialitäten aktivieren

Wenn Montessori hier vom „Bauen" spricht, so ist damit das genetische Potenzial eines jeden Menschen gemeint. Damit die darin liegenden Möglichkeiten zur Entfaltung kommen, bedarf es einer aktiven Auseinandersetzung des Kindes mit seiner Umwelt. Der genetische Code ist kein fertiges Wachstumsprogramm, erst recht kein Bildungsprogramm, vielmehr geht es darum, die im Kind angelegten Potenzialitäten zu aktivieren.

> „Das Kind geht nicht vom Nichts aus in dem Sinne, dass es weder psychische Eigenschaften noch vorbestimmte treibende Fähigkeiten besitzt; sondern es trägt Potenzialitäten in sich, die seine Entwicklung bestimmen, indem es den Charakter seiner Umwelt annimmt" (Montessori 1972, S. 52).

Montessori fordert direkt und indirekt auf, alles, was den Erwachsenen den Weg zum Kind verbauen könnte, beiseitezustellen – insbesondere jene Vorurteile, welche die Beziehungen zwischen Erwachsenen und Kind so häufig prägen:

> „Diese Vorurteile sind so allgemein, dass es schwierig ist, sie als solche zu erkennen. Sie vermischen sich mit dem deutlichen Zeugnis der Tatsachen, denn jeder oder fast jeder hat nur das bekannte Kind gesehen, nicht das unbekannte" (Montessori 1966, S. 62).

Mut zur „Entdeckung des Kindes"

Darum fordert Montessori von den Erwachsenen ganz schlicht und klar den Mut zur „Entdeckung des Kindes" (vgl. Montessori 2010a). Sie geht konsequent von dem aus, was man über das Kind weiß, und nicht davon, wie man das Kind gerne hätte.

Maßstab ist der jeweilige Erkenntnisstand der Humanwissenschaften, vor dem jede Praxis der Montessori-Pädagogik zu bestehen hat. Daraus folgt für Montessori, positiv zu beschreiben, was eigentlich Sinn und Aufgabe der Kindheit ist (im Unterschied zum Erwachsensein), und die Forderung, demgemäß – also kindgemäß – verantwortlich pädagogisch zu handeln.

Der Sinn von Kindheit

Ist Montessori-Pädagogik also nur naturwissenschaftlich ausgerichtet und weltanschaulich neutral? Selbstverständlich wohnt der Montessori-Pädagogik auch ein Welt- und Menschenbild inne.

Für Maria Montessori ist der Mensch mit einer (von Gott gegebenen) unveräußerlichen Würde ausgestattet, die in jeder Lebensphase unantastbar bleiben muss. Diese Menschenwürde muss gelebt werden dürfen. Weil es jeden Menschen nur einmal in dieser Weise in der Geschichte der Menschheit gibt, gibt es für jeden Einzelnen auch nur seinen persönlichen Weg, um sinnvoll zu leben, ein Individuum zu sein, seine Personalität zu entfalten.

Daraus erschließt sich der Sinn von Kindheit. Dieser besteht darin, dem Kind zu ermöglichen, eine autonome Personalität aufzubauen und zu entwickeln – also ein Mensch zu werden, der seine Fähigkeiten leben darf und kann, der dies in Freiheit tut, der dabei verantwortlich zu handeln gelernt hat –, sich selbst gegenüber, den anderen Menschen gegenüber und gegenüber der Umwelt.

Dafür sind Bedingungen zu schaffen. Und diese Bedingungen richten sich vor allen Dingen an die Menschen, welche für die Persönlichkeitsbildung des Kindes entscheidende Verantwortung tragen.

2.2 Verantwortete Freiheit – Weg und Ziel der Montessori-Pädagogik

In der Montessori-Pädagogik liegen Weg und Ziel nahe beieinander. Wird als Ziel genannt, dass die Kinder dazu befähigt werden, verantwortlich mit der Freiheit umgehen zu lernen und dies auch zu können, so ist damit auch der Weg aufgezeigt: die Einübung in den selbstverantwortlichen Umgang mit Freiheit.

Aber wie soll das gehen? Muss denn nicht alles im Chaos enden, wenn jeder tun und lassen könnte, was er will?

Eine Anekdote aus einer Montessori-Schule liefert die passende Antwort: Fragt der Besucher einen Schüler: „Ihr dürft hier also tun, was ihr wollt?" Der Schüler denkt einen Augenblick nach und erwidert: „Nein, wir tun nicht einfach was wir wollen, sondern wir wollen, was wir tun."

> „Während meines ganzen Lebens habe ich die Notwendigkeit der Freiheit der Wahl, der Selbstständigkeit des Denkens und der menschlichen Würde proklamiert. Jedenfalls bin ich der Meinung, dass eine wahre und innere Freiheit nicht gegeben werden kann; sie kann nicht einmal erobert werden; sie kann deshalb nur jeder in sich selbst aufbauen als Teil der Persönlichkeit, und sie kann deshalb dann auch nicht verloren werden.
> Seit den Anfängen meiner Erzieherlaufbahn habe ich Bedingungen der Freiheit für die Kinder empfohlen und eingerichtet, die freie Wahl war das erste der Vorrechte in meinem Erziehungskonzept. (...) Die Freiheit der Wahl führt zur Würde des Menschen. (...)
> Solange die Erziehung fortfährt, den Leitlinien einer erzwungenen Unterwerfung zu folgen, werden die gegenwärtigen Bedingungen bestehen bleiben: Die Menschheit wird sich weiterhin aus vielen Menschen zusammensetzen, die von Freiheit sprechen, aber aus sehr wenigen freien Menschen" (Montessori 1985, S. 122f.).

Damit befinden wir uns im Kern der Montessori-Pädagogik. Dieses Zitat – verfasst von Montessori kurz vor ihrem Tod – benennt die Grundzusammenhänge ihres Verständnisses von Freiheit und der daraus abzuleitenden pädagogischen Praxis, wenn man so will, die Quelle des Erfolgs der Montessori-Pädagogik:

- Freiheit setzt immer eigenständige Entscheidungen voraus – Freiheit der Wahl.
- Freiheit setzt eigenständiges Denken voraus – Denk-und Gedankenfreiheit.
- Freiheit ist immer abhängig von den konkreten Möglichkeiten des Einzelnen.
- Freiheit und Zwang (Unterwerfung) schließen einander aus.
- Aus einer überzeugend gelebten Wechselbeziehung dieses Bedingungsgefüges erwächst schließlich die (kindliche) Menschenwürde.

Übungsfeld der Freiheit

Die Montessori-Pädagogik bietet ein Übungsfeld der Freiheit, das sich an den Möglichkeiten des einzelnen Kindes orientiert. Dieses Übungsfeld wird jeden Tag gelebt und erlebt:

- Das Kind soll und darf sich entscheiden, was es tut: **freie Wahl der Arbeit** – manchmal auch „Freiarbeit“ genannt.
- Das Kind entscheidet sich, wie lange es bei der Sache bleibt: **freie Wahl der Zeit.** Dabei gilt als Regel, dass eine begonnene Arbeit zu Ende geführt werden soll.
- Das Kind entscheidet sich, ob und mit wem es zusammenarbeitet: **freie Wahl der Sozialform.**
- Das Kind entscheidet sich für einen der Herausforderung angemessenen Arbeitsplatz: **freie Wahl des Ortes.**

Diese Grundannahmen gelten natürlich immer gemäß dem Alter und den jeweiligen Fähigkeiten des Kindes. Es versteht sich, dass auch in der Montessori-Krippe dem Kind eine freie Entscheidung zugemutet wird, die Begleitung durch die pädagogische Fachkraft aber eine andere sein wird als zum Beispiel in der Sekundarstufe eines Gymnasiums. Aber immer gilt: **Das Kind steht jeden Tag in einer Entscheidungssituation,** und in dieser Entscheidungssituation gilt es, selbstverantwortliches Handeln einzuüben. Hier sind drei Verantwortungsfelder zu erkennen:

- **Selbstverantwortung:** Ist das, was ich tue, wirklich das, was mich herausfordert?
- **Sozialverantwortung:** Nehme ich bei meiner Arbeit die Bedürfnisse der anderen Kinder angemessen wahr?
- **Sach- und Weltverantwortung:** Werden andere Lebewesen, werden Sachen, Pflanzen, die Umgebung durch meine Arbeit angemessen behandelt? Oder könnte ich Schaden anrichten?

„Die Freiheit muss aufgebaut werden“, fordert Montessori. Pädagogen in Montessori-Einrichtungen versuchen, konsequent mit den Kindern den Weg der Einübung in eine verantwortete Freiheit zu gehen. Das ist gewiss nicht immer leicht. Die Freiheitsfähigkeit von „Montessori-Kindern“ erscheint aber nur jenen lästig, vielleicht sogar bedrohlich, die sich anmaßen, für andere definieren zu wollen, was richtig und was gut ist. Montessori-Pädagogik fordert und ermöglicht Selbstverantwortung und nimmt dabei auf überzeugende Weise die Bedürfnisse des Einzelnen wie der ganzen Gruppe wahr.

Es ist Erdbeerzeit. Eine Schüssel, prall gefüllt mit köstlichen Erdbeeren, ziert den Esstisch. Benedikt ruft: „Und wo ist die Sahne?“ Die Sahne fehlt. Der dreijährige Konstantin steht daraufhin auf und sagt: „Ich hole sie!“ Eine Schüssel Sahne steht im Kühlschrank.
Auf dem Weg zum Kühlschrank: ein schöner Wollteppich, ein Stück Holzboden, teure Fliesen. Mama sagt: „Okay!“ Und Konstantin geht los. Die Mutter hinterher, bleibt an der Küchentüre stehen. Der Kühlschrank ist weit oben eingebaut. Zu hoch. Konstantin geht zum Küchentisch, zieht einen Stuhl herbei, klettert hoch, öffnet die Kühlschranktür. Gott sei Dank: Die Schüssel mit der Sahne steht ganz vorne. Vorsichtig greift er sie mit beiden Händen, kniet sich behutsam und achtsam auf den Stuhl und rutscht dann langsam herab. Die Sahneschüssel wird auf den Küchentisch gestellt. Konstantin klettert wieder auf den Stuhl, schließt die Kühlschranktür – Ende Teil eins.

Mama atmet tief durch. Konstantin nimmt die Schüssel in beide Hände. Erneut: Wollteppich, Holzboden, Kacheln, eine Türschwelle. Schritt für Schritt, ruhig, gleichmäßig, selbstsicher. Die Schüssel steht nun neben den Erdbeeren. Erdbeeren mit Sahne sind herrlich.
Mein Wille: Ich will Sahne für die Erdbeeren holen.
Raum für freie Entscheidungen: Du darfst gehen.
Selbstständig denken und handeln: Hilfsmittel herbeiholen, Tür öffnen, Tür schließen.
Schwierigkeiten überwinden: ein Wollteppich, ein Holzfußboden, rutschige Kacheln, eine Stolperschwelle.
Die Erfahrung: Ich darf es selbst tun, ich kann es selbst tun, ich schaffe es. Alleine!“ (vgl. Steenberg 2012, S. 22 f.)

2.3 Polarisation der Aufmerksamkeit – das Montessori-Phänomen

Maria Montessori war nicht die Erste, welche die ausdauernde Konzentrationsfähigkeit eines Kindes entdeckt und deren persönlichkeitsbildende Bedeutung erkannt hat. Aber sie war die Erste, die daraus nachhaltige pädagogische Konsequenzen zog, sodass man heute mit Blick auf ihre Entdeckung vom „Montessori-Phänomen“ spricht:

> „(Ich beobachtete) ... ein etwa dreijähriges Mädchen, das tief versunken war in die Beschäftigung mit einem Einsatzzylinderblock, aus dem es die kleinen Holzzylinder herauszog und wieder an ihre Stelle steckte. Der Ausdruck des Mädchens zeugte von so intensiver Aufmerksamkeit, dass er für mich eine außerordentliche Offenbarung war. Die Kinder hatten bisher noch nicht eine solche auf einen Gegenstand fixierte Aufmerksamkeit gezeigt. Und da ich von der charakteristischen Unstetigkeit der Aufmerksamkeit des kleinen Kindes überzeugt war, die rastlos von einem Ding zum anderen wandert, wurde ich noch empfindlicher für dieses Phänomen.
> Zu Anfang beobachtete ich die Kleine, ohne sie zu stören, und begann zu zählen, wie oft sie die Übung wiederholte; aber dann, als ich sah, dass sie sehr lange damit fortfuhr, nahm ich das Stühlchen, auf dem sie saß, und stellte Stühlchen und Mädchen auf den Tisch; die Kleine sammelte schnell ihr Steckspiel auf, stellte den Holzblock auf die Armlehne des kleinen Sessels, legte sich die Zylinder in den Schoß und fuhr mit ihrer Arbeit fort.
> Da forderte ich alle Kinder auf zu singen; sie sangen, aber das Mädchen fuhr unbeirrt fort, seine Übung zu wiederholen, auch nachdem das kurze Lied beendet war. Ich hatte 44 Übungen gezählt, und als es endlich aufhörte, tat es dies unabhängig von den Anreizen der Umgebung, die es hätten stören können; und das Mädchen schaute zufrieden um sich, als erwachte es aus einem erholsamen Schlaf. Mein unvergesslicher Eindruck glich, glaube ich, dem, den man bei einer Entdeckung verspürt.
> Dieses Phänomen wurde allgemein bei den Kindern. Es konnte also eine beständige Reaktion festgestellt werden, die im Zusammenhang mit gewissen äußeren Bedingungen auftritt, die bestimmt werden können. Und jedes Mal, wenn eine solche ‚Polarisation der Aufmerksamkeit‘ stattfand, begann sich das Kind vollständig zu verändern. Es wurde ruhiger, fast intelligenter und mitteilsamer. Es offenbarte außergewöhnliche innere Qualitäten, die an die höchsten Bewusstseinsphänomene erinnern, wie das der Bekehrung. (...) Auf diese Weise offenbarte sich die Seele des Kindes, und davon geleitet entstand eine neue Methode, in der die geistige Freiheit des Kindes deutlich wurde“ (Montessori 1976, S. 69).

Was hat Maria Montessori gesehen? Ein Kind wird so eins mit seiner Tätigkeit, dass es sich an die Dinge, an sein Spiel, an seine Arbeit ganz verliert. Zeit und Umgebung scheinen vergessen. Störungen von außen werden nicht wahrgenommen. Das Kind handelt **aktiv und** ist gleichzeitig in seine Tätigkeit fast **meditativ** versunken.

Das Kind gewinnt Individualität, Charakter, Kompetenz

In dieser Polarisation der Aufmerksamkeit wächst und reift das Kind. Es wächst zu einer unverwechselbaren, stimmigen Persönlichkeit und gewinnt dadurch Individualität, Charakter, Kompetenz. Das ist Montessoris zentrale Erkenntnis.

Man mag sich vielleicht über den von Montessori in diesem Zusammenhang und immer wieder verwendeten Begriff „Arbeit" für das, was das Kind doch so spielerisch tut, wundern. Montessori wehrt sich dagegen, kindliche Tätigkeit, von Erwachsenen als Spiel kategorisiert, als nicht wirklich Ernstzunehmendes („Die spielen da doch bloß") abzutun. Also verwendet sie den Begriff der Arbeit („Freiarbeit"). Und sie macht deutlich, dass diese Form von Arbeit als frei gewählter Weg der Persönlichkeitsbildung durchaus gleichwertig ist mit der Erwerbsarbeit der Erwachsenen.

Ganzheitlicher, kindgemäßer Bildungsvorgang

Für Montessori ist die Polarisation der Aufmerksamkeit also weit mehr als nur ein kognitiver und emotionaler Prozess zur Steigerung des Aufnahmevermögens. Es handelt sich dabei vielmehr um die Grundlage eines persönlichkeitsbildenden Ineinander und Zueinander von Leib und Geist, um einen ganzheitlichen kindgemäßen Bildungsvorgang.

Das konzentrierte („polarisierte") Kind wird alle seine Möglichkeiten in großem Umfang ausschöpfen können, dabei die Erfahrung machen, es selbst zu schaffen, und zufrieden, gewissermaßen aus der Situation heraus gewachsen, seinen Bildungsprozess in eigener Verantwortung steuern lernen.

Mutet das von Montessori beschriebene kindliche Handeln auch spielerisch an, vollzieht sich tatsächlich in der Polarisation der Aufmerksamkeit ein hochkomplexer, lebensbedeutsamer Prozess, den man als Erwachsener nur staunend und dankbar begleiten kann, indem man ihm optimale Vorbedingungen schafft.

Die entscheidende Vorgabe für die Erwachsenen besteht darin, das Eintreten einer Polarisation der Aufmerksamkeit genau zu beobachten. Aus dieser professionellen und gezielten Beobachtung heraus, lassen sich dann die

Bedingungen beschreiben, die erfüllt werden müssen, um die Konzentrations- oder Polarisationserfahrung nicht dem Zufall zu überlassen, sondern zu einem Wesensmerkmal eines pädagogischen Konzeptes zu machen – der Montessori-Pädagogik.

2.4 Alles zu seiner Zeit – Montessoris Theorie der sensiblen Phasen

Kindliche Entwicklung vollzieht sich in Phasen, manchmal gar in Schüben. Das ist Erfahrung. Den Begriff und die Eigenart von sogenannten sensiblen Phasen (auch: sensibel-sensitive Perioden) hat wohl als Erste Maria Montessori in ihrer pädagogischen Bedeutung erkannt, beschrieben und didaktische wie methodische Konsequenzen daraus abgeleitet.

> „Es handelt sich um besondere Empfänglichkeiten, die in der Entwicklung der Lebewesen auftreten. Sie sind von vorübergehender Dauer und dienen nur dazu, dem Lebewesen die Erwerbung einer bestimmten Fähigkeit zu ermöglichen. Sobald das geschehen ist, klingt die betreffende Empfänglichkeit unwiderruflich wieder ab. So entwickelt sich jeder Charakterzug aufgrund eines Impulses und während einer eng begrenzten Zeitspanne" (Montessori 1978, S. 61).

Für Montessori gibt es also Phasen, in denen nahezu mühelos bestimmte Lernerfahrungen möglich sind. Diese Zeiträume müssen vom Pädagogen erkannt und für das Kind nutzbar gemacht werden, damit es eine optimale Entwicklung erfahren kann. Sensible Phasen sind nicht wiederholbar. Was einstmals anscheinend so leicht möglich war, bedarf später großer Anstrengung. Jeder von uns weiß, welcher Mühe es zum Beispiel bedarf, eine Fremdsprache zu erlernen; als wir unsere Muttersprache erlernten, gelang dies dagegen mühelos.

Es ist also für einen pädagogischen Prozess unabdingbar, diese sensiblen Phasen zu kennen. In der Konsequenz müssen diese „Reifeangebote der Natur" ein- und angebunden werden an entsprechende pädagogische Szenarien – sei es Zuhause, sei es in der Kinderkrippe, im Kindergarten oder später in der Schule.

Stufen der Entwicklung

Das Besondere an der Montessori-Pädagogik ist, dass sie die Gesamtentwicklung des Kindes von der Geburt bis zum Erwachsenwerden in den Blick nimmt. Montessori spricht in diesem Zusammenhang von einem „Lebensrhythmus", der sich in **vier aufeinanderfolgenden Phasen von rund jeweils sechs Jahren** ereigne. Mit diesen „Stufen der Entwicklung" sind stets besondere Sensibilitäten verbunden. Diese „Sensibilitäten" muss man ergründen und kennen, um eine ihnen gemäße „vorbereitete Umgebung" (siehe Seite 29 ff.) zu schaffen. Eben dies ist eine der großen Leistungen der Montessori-Pädagogik: Aus ihrer Kenntnis der sensiblen Phasen – ergänzt und vertieft durch neuere wissenschaftliche Erkenntnisse – entwickelt sie ein „System der Institutionen" (von der Montessori-Krippe bis hin zum „Montessori-Gymnasium"), dessen Qualitätskriterium immer messbar ist an dem Eintreten des Montessori-Phänomens.

Es ist also der Familie und den Pädagogen in Einrichtungen aufgegeben, aus der Kenntnis der sensiblen Perioden heraus eine vorbereitete Umgebung zu schaffen, welche Polarisation der Aufmerksamkeit ermöglicht. Das bringt ein völlig neues Bild des Erziehers/Lehrers und seiner Aufgaben mit sich (siehe Seite 37).

Das Kleinkindalter von 0 bis 6 Jahren

In dieser **formativen, schöpferisch-konstruktiven Lebensphase** entsteht das Grundgerüst von Individualität, Charakter und Personalität.

Im übertragenen Sinne beginnt – so sieht es Montessori – für das Kind eine zweite Embryonalzeit: War das Kind vorgeburtlich ein physischer, so ist es nachgeburtlich ein psychischer Embryo, der mit all seinen Fähigkeiten seine Umgebung gleichsam aufsaugt – Montessori sagt dazu „absorbiert" –, sich auf diese Weise die Welt aneignet. War bis zur Geburt der Mutterleib eine optimal „vorbereitete Umgebung", so wird es jetzt die Familie oder – je nach Bedarf – die Montessori-Kinderkrippe.

> „Erziehung ist Hilfe, die wir dem Leben geben müssen, dass es sich in seinen großartigen Kräften entwickeln kann. (…) Bevor wir aber Hilfe geben können, müssen wir verstehen, müssen wir den Weg von der Kindheit bis zum Erwachsensein verfolgen. Und diese Hilfe muss unser Vorhaben sein: Dem Menschen helfen, seine Größe, nicht seine Fehler zu entwickeln" (Montessori 1992, S. 84).

Die heutigen Erkenntnisse aus Biologie, vergleichender Verhaltensforschung und den Neurowissenschaften bestätigen, was Montessori möglicherweise eher erahnte als wissenschaftlich beweisen konnte: Die Geburtserfahrung, die postnatale Zeit, das erste Lebensjahr sind nicht nur psychisch von existenzieller Bedeutung in dem Sinne, dass Kinder während dieser Zeit **Urvertrauen, Selbstvertrauen und Welt-Vertrauen** aufbauen. Auch die physische Entwicklung ist bedeutsam. Die äußeren Einwirkungen und Anregungen, die ein Säugling während dieser Zeit erfährt, hinterlassen Spuren im Gehirn, sogenannte Engramme. Während der ersten Lebensmonate differenziert das Gehirn seine Struktur, jede neue Erfahrung wird auf bestimmte Weise gespeichert und mit anderen Erfahrungen neuronal verknüpft. Diese Grundstruktur ist später kaum wesentlich veränderbar.

Lern-und Bildungsprozesse beginnen also spätestens mit der Geburt. Das hat Maria Montessori schon früh erkannt, und daher ist für sie auch eine kompetente Begleitung der ersten drei Lebensjahre von herausragender Bedeutung (siehe Seite 42 ff.). Montessori-Pädagogik geht für die ersten drei Jahre von folgenden Sensibilitäten aus:

Sensibilität für Ordnung

Die Familie ist umgezogen. Julian, neun Monate alt, hat ein schönes Kinderzimmer bekommen. Aber er leidet unter massiven Einschlafstörungen. Es ist die neue Umgebung, welche ihn nicht zur Ruhe kommen lässt. Seine Welt, so ist anzunehmen, stimmt plötzlich nicht mehr. Sie ist in Unordnung geraten.

Ein wesentliches Merkmal der ersten drei Lebensjahre ist die Sensibilität für Ordnung. Die Welt muss für das Kind erkennbar geordnet und zuverlässig sein. Das hat Konsequenzen:

- Der Tag hat eine klare Struktur und bietet verlässliche Rituale.
- Die Lebensumwelt ist übersichtlich, sodass Suchen und Finden rasch zum Erfolg führen.
- Verlässliche Bezugspersonen sind für das Kind da.

Eine äußere Ordnung ist Voraussetzung für eine innere (psychische) Ordnung. Die von Montessori stets geforderte Zuverlässigkeit in der Umgebung und in der Beziehung schafft für das Kind Anregung und Ermutigung zum Handeln. Dadurch wächst in ihm das Bewusstsein, dass es zwischen den Dingen und zwischen den Menschen Beziehungen gibt, die unmittelbar auch seine Beziehungen sind. Auf diese Weise entwickeln sich Selbstbewusstsein und Selbstvertrauen.

> „Für das Kind ist die Ordnung das, was für uns der Boden ist, auf dem wir stehen, was für den Fisch das Wasser ist, in dem er schwimmt. Im frühen Kindesalter entnimmt der Menschengeist seiner Umwelt die Orientierungselemente, derer er später für seine Eroberungen bedarf" (Montessori 1978, S. 64).

Sensibilität für Bewegung

Wie oft verteidigen Erwachsene ihre Wohnungseinrichtung gegen die eigenen Kinder. Sie sollen keinen Schaden anrichten. Was das für die Psyche des Kindes und seine Bewegungslust bedeutet, das ahnen die Erwachsenen nicht.

> „Wenn wir das körperliche und das geistige Leben getrennt betrachten, so unterbrechen wir den Zyklus der Beziehungen, und die Handlungen der Menschen bleiben vom Hirn getrennt. Der wahre Sinn der Bewegung liegt also nicht in der Förderung einer besseren Ernährung und Atmung, sondern muss dem gesamten Leben (...) dienen. (...) Die geistige Entwicklung kann und muss durch Bewegung unterstützt werden. Ohne sie gibt es in Bezug auf den Geist weder Fortschritt noch Gesundheit" (Montessori 1972, S. 128 f.).

Bewegung und Psyche stehen in einem untrennbaren Wechselverhältnis. Montessori macht nachdrücklich darauf aufmerksam, dass dieses Wechselverhältnis, dieses Ineinander und Zueinander von körperlicher Bewegungsmöglichkeit und psychischem Wohlbefinden, ganz wesentlich ist für den Aufbau einer stabilen Persönlichkeit. Intellektuelle und kognitive Entwicklung, sie haben psychomotorische Fundamente – und umgekehrt. Und diese Fundamente werden in den ersten drei Lebensjahren gelegt.

Montessoris Anliegen ist es daher, die seelische Ausgewogenheit des Kindes planvoll und bewusst zu ermöglichen. Dazu nimmt sie Eltern und Pädagogen in die Pflicht. Sie müssen dem kindlichen Bedürfnis nach Bewegung entgegenkommen und ihm die Freiheit des Ausdrucks ermöglichen. Ein Wohnraum muss auch ein Bewegungsraum sein dürfen (vgl. Pikler 2001).

Carina ist zwei Jahre alt und besucht eine Montessori-Krippe. Doch sie spricht kaum. Und wenn sie spricht, dann meistens unsauber artikuliert. „Das kommt schon noch", heißt es anfänglich zur Beruhigung. Ob die Eltern wohl schon einmal bei einem Ohrenarzt waren? Mit den Montessori-Geräuschdosen macht die Erzieherin ein kleines Spiel. Sie stellt dabei fest: Die feinen Töne kann Carina nicht hören.

Wer weiß, dass das erste Lebensjahr von entscheidender Bedeutung für den Sprachaufbau ist, wird angesichts dieses Beispiels und der anfänglichen Sorglosigkeit der Erwachsenen nachdenklich werden. Noch bevor das Kind die erste Silbe artikuliert, hat es überaus intensiv alle Geräusche um sich herum wahrgenommen. Diese Wahrnehmung beginnt bereits im Mutterleib und hinterlässt bedeutsame Spuren im kindlichen Gehirn (vgl. Butzkamm & Butzkamm 1999). Montessori vergleicht den Spracherwerb mit der (damals üblichen) Kunst der Fotografie:

> „Im Dunkeln wird fixiert, und dann kann das Bild endlich ans Licht kommen und ist unveränderlich. Dasselbe geschieht beim psychischen Mechanismus der Sprache des Kindes. Er beginnt in der Dunkelheit des Unbewussten zu wirken, dort entwickelt er sich, fixiert sich, und dann offenbart er sich" (Montessori 1972, S. 104).

Es ist also nicht gleichgültig, in welcher Geräusch- und Klangwelt das Neugeborene, der Säugling und das Kleinkind heranwachsen. Eindringlich fordert Montessori die Erwachsenen auf, behutsam und verantwortungsvoll mit dieser Geräuschumgebung umzugehen und sie, den Bedürfnissen des Kindes entsprechend, zu gestalten. Mag der Säugling auch noch nicht sprechen, noch nicht einmal lallen, vernimmt er doch alles um sich herum, verarbeitet es und baut elementare Sprachstrukturen auf. Sehr bald kommen die Tage des Lallens, der ersten Silbe, ihrer Verdoppelung, des ersten Wortes, des Einwortsatzes – bis hin zu dem, was Montessori „Explosion der Worte" und später „Explosion der Sätze" nennt (a. a. O., S. 100).

Die „Klangwelt Mutterleib" (vgl. Tomatis 1999) ist behutsam, differenziert und kompetent schrittweise zu erweitern auf eine Klangwelt für die Kinderkrippe und den Kindergarten. Sprachkompetenz ist heute ein zentrales Kriterium für die Beschreibung kindlicher Qualifikation, zudem ein wichtiges Kriterium für soziale Integration, und ist, soweit irgend möglich, auch im Bereich der Inklusion bedeutsam. Die vorbereitete Umgebung im Sinne Montessoris wird dem entsprechen (siehe Seite 29 ff.).

Ordnung – Bewegung – Sprache

Diese Sensibilitäten der ersten Lebensjahre sind auch für die primäre Sozialisation konstitutiv.

> „Mit drei Jahren ist es, als ob das Leben von Neuem beginnt, denn zu diesem Zeitpunkt offenbart sich voll und klar das Bewusstsein. (…) Vor dem dritten Lebensjahr werden die Funktionen geschaffen. Nach dem dritten Lebensjahr werden die geschaffenen Funktionen entwickelt. (…) Was es (das Kind, Anm. d. Verf.) vor dem dritten Lebensjahr geschaffen hat, kommt dank der bewussten Erfahrungen in seiner Umgebung an die Oberfläche (Montessori 1972, S. 148 ff.).

Das Kind wird „vom unbewussten Schöpfer zum bewussten Arbeiter“ (a. a. O., S. 148). Die Sensibilitäten für Sprache, Ordnung und Bewegung dauern auch im Kindergartenalter fort, wenn auch mit verminderter Intensität.

Das Kind gleicht – so beschreibt es Montessori in einem Bild – einem Erben, der eine Fülle von Schätzen sein Eigen nennen kann, nunmehr aber die Aufgabe hat, diese Schätze zu ordnen. Es geht für das Kind darum, die Beziehung der Dinge zu sich selbst und zu den anderen Menschen zu erfahren und auch herzustellen. Dann kann es in gewissem Sinne auch bewerten und mit seinen Fähigkeiten angemessen umgehen.

Im Kindergartenalter offenbaren sich schöpferischer Geist und Bewusstsein zunehmend. Das Kind erweitert zielstrebig seinen Aktionsradius, geht fragend, forschend und bisweilen auch fordernd auf die Dinge zu, um sie für sich zu entdecken und verfügbar zu machen. Gleichzeitig erprobt es seine Beziehungen zu anderen Menschen, nimmt Kontakt auf und bricht diesen wieder ab, sucht die Gruppe und dann wieder das Alleinsein. „Freundschaften“ werden geschlossen – sie gelten heute, morgen aber vielleicht nicht mehr.

Montessori spricht in diesem Zusammenhang von einer „Kohäsionsgesellschaft“, der ein unbewusstes Zusammengehörigkeitsgefühl zugrunde liegt. Der Kindergarten wird dem gerecht, indem er eine „vorbereitete Umgebung“ zur Verfügung stellt, welche soziale Interaktion verlangt und strukturiert (siehe Seite 29 ff.). Diese geplant-strukturierte Kultur des sozialen Miteianders ist Voraussetzung für den Erfolg der Inklusivität von Montessori-Einrichtungen.

Die Kindheit von 7 bis 12 Jahren

Mit dem Zeitpunkt der Einschulung – Montessori plädiert übrigens für einen gleitenden Übergang –, etwa ab dem sechsten Lebensjahr, beginnt eine **stabile Phase.** (Die ersten Lebensjahre bezeichnet Montessori als „labile Phase".) Das Kind entwickelt sich ruhig und gleichmäßig. Seine Kräfte und Möglichkeiten sind nahezu unerschöpflich.

Das Schulkind „will es jetzt wirklich wissen". Wissens-Stoff – davon kann es jetzt gar nicht genug mitbekommen, vorausgesetzt, das Kind kann sich sein Wissen in freier Arbeit selbst aneignen. Ganz konkrete Erfahrungen mit einem vielgestaltigen Material führen die Kinder schrittweise zur Abstraktion.

Allerdings: Nicht die ganze Welt kann in die Montessori-Schule geholt werden. Aber es gibt Phänomene und Erfahrungen, an denen sich das Kind die ganze Welt erschließen kann. Aus diesem Grund spricht man auch von Schlüsselerlebnissen und Schlüsselkompetenzen.

> „Wie wir schon gesehen haben, entsprach dem Kleinkind als Umgebung ein geschlossener Bereich; in ihm bilden sich soziale Beziehungen. In der zweiten Periode braucht das Kind für seine sozialen Erfahrungen notwendig einen ausgedehnteren Bereich. Man kann seine Entwicklung nicht fördern, wenn man es in seiner ersten Umgebung lässt" (Montessori 1966, S. 26).

Wer die Reichhaltigkeit vieler Kindergärten, erst recht vieler Montessori-Kinderhäuser, mit den meisten üblichen Grundschulklassenräumen vergleicht, kann verstehen, warum von den Kindern, die sich zu 95 Prozent auf die Schule freuen, nach einigen Monaten nur noch 40 Prozent gerne dorthin gehen. Die sogenannten Regelschulen bieten allzu oft keine wirklich „vorbereitete Lernumgebung" für das wissensbedürftige Kind. Da wird immer noch „Stoff" vermittelt durch jemand, der (leider) motivieren muss oder mit Noten drohen. Wie anders ist da die Realität in Montessori-Schulen.

Eine innere Sensibilität: das Gewissen

Parallel zur hohen Sensibilität für Einsicht in Zusammenhänge, zu diesem Wunsch, die Welt zu verstehen, erfolgt die Entwicklung des moralischen Bewusstseins. Wichtig ist im Grundschulalter eine innere Sensibilität: das

Gewissen. Das Kind will jetzt wissen, was gut, was böse, was gerecht und ungerecht ist.

> „In diesem Alter bildet sich ebenso der Begriff der Gerechtigkeit gleichzeitig mit dem Verständnis für die Beziehungen zwischen den Handlungen und Bedürfnissen der anderen" (Montessori 1966, S. 30).

Die Entwicklung des moralischen Bewusstseins hängt eng zusammen mit sozialen Erfahrungen. Montessori fordert, dass das Kind auch jenseits von Schule und Familie eine Fülle sozialer Erfahrungen machen kann.

Konzept einer „kosmischen Erziehung"

Didaktischer und methodischer Schlüssel für die Arbeit im Grundschulalter ist Montessoris Konzept einer „kosmischen Erziehung". Hier geht es, vereinfacht gesagt, um einen ökologisch-didaktischen Ansatz, der dem Kind elementare Zusammenhänge erfahrbar macht, sodass, von zentralen Fragen des Menschen ausgehend, ein Verantwortungsbewusstsein auf der Grundlage von hoher Wissenskompetenz gebildet und erfahren werden kann (vgl. Montessori 1988).

Das Jugendalter von 12 bis 18 Jahren

Wir beschränken uns hier nur auf einige zentrale Hinweise: Pubertät, das ist eine Phase der Unruhe, der Labilität, des psychischen und physischen Umbruchs. Montessori hebt hervor, dass die Jugendlichen einerseits Schutz und Geborgenheit in einer sozialen Heimat suchen, andererseits aber auf- und ausbrechen, sich Selbstständigkeit erkämpfen und neue gesellschaftliche Erfahrungen machen wollen.

Dem entspricht die Montessori-Pädagogik mit dem sogenannten „Erdkinderplan" – einem Konzept, das die Jugendlichen in ihrer Verantwortlichkeit und ihren Möglichkeiten ernst nimmt, sie aber sozial und emotional dabei kompetent begleitet (a.a.O., S. 115 ff.).

2.5 Vorbereitete Umgebung und das Montessori-Material – Schlüssel zur Welt

Bis zum Erwachsenwerden verbringen Kinder und Jugendliche, die von der Krippe an in einer pädagogischen Einrichtung waren, etwa 20.000 Stunden in einer Umgebung, die von Erwachsenen gestaltet wurde. Welche Verantwortung lastet da auf Trägern und pädagogischen Fachkräften!

Die Umgebung hat eine nicht zu unterschätzende Wirkung auf die seelische und körperliche Gesundheit eines Menschen. Das Wissen um Ergonomie und Salutogenese am Arbeitsplatz ist bekannt, und es ist sicher hilfreich. Gleiches gilt aber auch für Einrichtungen, in denen Kinder und Jugendliche einen Großteil ihrer Zeit verbringen.

Aus diesem Grund darf es nicht dem Zufall, der Intuition oder beliebiger pädagogischer Subjektivität überlassen werden, wie eine solche Umgebung gestaltet wird. Wie oft sind Kindergärten oder auch Schulen nach den Vorstellungen des Architekten geplant, ohne wirklich auf die Bedürfnisse von Kindern und pädagogischen Fachkräften eingegangen zu sein.

Für Montessori ist klar: Ein Kind muss auf eine Umwelt treffen, deren anregender Charakter ihm erlaubt, zu gestalten und seine eigenen Potenziale zu entfalten.

> „Die vorbereitete Umgebung und die Vorbereitung des Lehrers sind das praktische Fundament unserer Erziehung" (Montessori 1965, S. 21).

Wie aber hat eine vorbereitete Umgebung im Sinne Montessoris auszusehen? Die Grundlagen dafür finden sich in ihren Aussagen über die Aktivität des kindlichen Geistes, über die sensiblen Phasen, die Bedeutung der Bewegung und die Bedeutung der Sinne. Von „vorbereiteter Umgebung" kann man im Sinne Montessoris nur dann sprechen, wenn alle Selbstbildungsaktivitäten des Kindes eine methodisch-didaktisch vorbereitete Antwort finden können. Und weil der Zeitpunkt der sensiblen Phasen weder geplant noch gesteuert werden kann, müssen Kindergarten bzw. Schule eine vielgestaltige „vorbereitete Umgebung" anbieten.

Wie soll ein Montessori-Kinderhaus gestaltet sein?

Die vorbereitete Umgebung beginnt an der Eingangstür. Erst kürzlich wurde erstmalig in deutscher Sprache ein Vortrag Montessoris veröffentlicht, der, im Jahr 1944 in Indien gehalten, sehr genau ihre Vorstellungen über ein Haus der Kinder beschreibt (abgedruckt in: Das Kind – Zeitschrift für Montessori-Pädagogik 2014, Heft 56, S. 8 ff.). Einige Zitate daraus machen deutlich, wie präzise Montessori sich mit der Umgebung befasst hat:

> „Als Erstes betrachten wir die Proportionen. Die Größe des Gebäudes und alle damit zusammenhängenden Konstruktionen sollten auf die Körpergröße des Kindes abgestimmt sein. Das Gebäude soll sein Bedürfnis nach Geborgenheit erfüllen. Kinder haben genau wie Erwachsene ein Gespür für Proportionen und deren Auswirkung auf das Wohlbefinden. (...) Errichten wir also Schule und Gebäude (Montessori spricht unterschiedslos von Schule oder Kinderhaus, Anm. d. Verf.) proportional zur Größe der Kinder, dann bewahren wir die Gesellschaft und uns vor großen Fehlern" (Seite 9).

Montessori geht dann auf den **Eingangsbereich** eines Kinderhauses ein:

> „Wenn wir uns in einer Eingangshalle oder einem Foyer mit vornehmen Hochdecken befinden, dann scheint die Decke bisweilen kein Teil des Gebäudes mehr zu sein. Es stellt sich vielmehr der Eindruck ein, dass die Decke zum Himmel oder irgendeiner Abdeckung gehört, die nichts mit unserem Wohlbefinden oder mit Behaglichkeit zu tun hat und ein unangenehmes Gefühl aufkommen lässt. (...) Die Decke in manchem Kindergarten wird dem Kind genauso hoch, wenn nicht noch höher erscheinen, als uns die Decke der großen Eingangshalle vorkommt" (Seite 10).

Anschließend verweist Montessori darauf, dass Kinder es lieben, sich Hütten zu bauen, um auf diese Weise die durch die Erwachsenenbauten produzierte räumliche Leere zu überwinden. Und zur **Raumgröße** stellt sie fest:

> „Wenn ein Raum zu klein ist, behindert er und führt zur Unordnung. Ist er zu groß, verliert sich die Konzentration. Die Proportion des Raumes soll also nicht nur von ausreichender Luftzirkulation bestimmt sein (oder von dem Verhältnis zwischen Fensterfläche und Grundfläche, Anm. d. Verf.), vielmehr sollte sie sich an dem orientieren, was ich ‚psychologische Proportionen oder Bedürfnisse' nenne. Wir müssen also unbedingt die psychologische Wirkung des Raumes berücksichtigen, nicht nur die Anzahl seiner Kubikmeter. Die Fenster sollten klein und niedrig und in Proportion zu den Kindern eingebaut sein" (Seite 10).

Die Fenster sollen, so formuliert es Montessori, „psychologische Fenster" sein. Und über die **Einteilung eines Raumes** sagt sie:

„Sind die zur Verfügung stehenden Räume zu groß, müssen sie durch niedrige Trennwände unterteilt werden. Trennwände können als Pflanzenständer oder zum Abstellen von Aquarien oder Terrarien etc. dienen. Sie sollten etwa so hoch sein wie ein drei -oder vierjähriges Kind. Die Aufteilung des Raumes mittels solch niedriger Wände ist eine psychologische Abtrennung. (...) Sie sollen (...) den Raum begrenzen, um die Konzentration der Kinder aufrechtzuerhalten (S. 10). (...)
Kinder haben manchmal das Bedürfnis, ganz alleine bei sich selbst zu sein. Daher sollten kleine Nebenräume zur Verfügung stehen. Ab und zu, wenn sich die Kinder das wünschen, können sie sich dorthin zurückziehen und dort geeignete Beschäftigungen vorfinden oder sich die Arbeit, mit der sie gerade beschäftigt sind, mitbringen" (S. 11).

Was den **Zuschnitt der Räume** anbetrifft, hebt Montessori hervor:

„Es gibt aber noch einen weiteren Aspekt bei der Planung eines Kinderhauses, der berücksichtigt werden sollte. Bekanntlich wachsen alle Kinder, die in Städten leben, gezwungenermaßen in rechteckigen Räumen, in Prismen auf. Folglich reifen sie zu Menschen heran, bei denen eine prismatische Raumvorstellung dominiert" (S. 11).

Montessori schlägt in der Konsequenz für die Raumarchitektur vor:

„Um sowohl Erholung als auch Behaglichkeit zu vermitteln, haben wir den Gebäuden elliptische, dreieckige und runde Form gegeben" (S. 11).

Es war in der Tat so, dass Montessori während ihrer Zeit in den Niederlanden ein Kinderhaus mit solchem Zuschnitt planen und realisieren konnte, das aber während der Besetzung durch Deutschland – wie auch andere Montessori-Einrichtungen – verboten, fremdgenutzt und vernichtet wurde.

Nach einem Plädoyer für gewachstes Holz als **Fußbodenbelag** stellt Montessori fest:

„Der Bodenbelag spielt überhaupt eine überaus wichtige Rolle. Immer, wenn wir uns in einem Raum bewegen oder in ihm Platz nehmen, betrachten wir bewusst den Fußboden. Und folglich ist der Bodenbelag, was die Schönheit anbetrifft, wichtiger als die Wände" (S. 12).

Montessori betrachtet schließlich den **Weg aus dem Gruppenraum nach draußen:**

> „Bevor wir aus dem Kinderhaus in den Garten treten, sollten wir auf einer erhöhten Veranda stehen können, die das gesamte Haus umgibt. Sie sollte eingefasst und überdacht sein. Im Garten sollte es Häuschen oder Lauben zum Aufenthalt geben" (S. 12).

Zum **Garten** sagt Montessori:

> „Die übliche Einteilung eines Schulgartens mit abgetrennten und individuellen Beeten für jedes einzelne Kind halten wir nicht für überzeugend. Vielmehr sollte der Garten das Zusammenleben aller Kinder ermöglichen. Sie sollten die Gartenpflege, das Jäten, das Pflücken der Früchte und das Ernten immer zusammen ausführen können" (S. 12).

Zu den **spielerischen Aktivitäten im Außenbereich** stellt sie fest:

> „Kinder haben vor nichts Angst. Wir müssen beobachten, was sie tun; es sind manchmal sehr gefährliche Dinge, wie sich an rollende Wagen anhängen oder Ähnliches. Wir sollen stets versuchen, die Kinder in ihrem Vorhaben zu unterstützen, ohne sie zu verängstigen. Wir sollten eine Umgebung schaffen, die der Zukunft angemessen ist" (S. 15).

Und sie meint zum **Sport** in der Kinderkrippe und im Kindergarten:

> „Menschen, denen keine vollständige Bewegungsfreiheit gegeben wurde und die sitzende Arbeiten verrichten, schufen solche Spielplätze, und diese Spielplätze sind eine Reaktion auf vorherige Passivität. Die Übungen des praktischen Lebens sind viel nützlicher als Sportprogramme. Die Bewegungen der Kinder werden durch die Materialien geleitet, und während die Kinder ihre Übungen verfolgen, wird der gesamte Raum zu einer Art Turnhalle" (S. 15).

Was **Kreativität im Außenbereich** anbelangt, hält Montessori fest:

> „Plattformen auf Pfählen und in Bäumen zu errichten – daran sind Kinder ebenfalls interessiert. In all seinem Tun sollte das Kind zum Aktivsein angeregt werden" (S. 15).

Nach einigen grundsätzlichen Bemerkungen über Schulgärten (damit sind natürlich auch die Außenanlagen eines Kindergartens gemeint) betont Montessori:

> „Der Garten ist Teil einer lebendigen vorbereiteten Umgebung. (...) Kindern mangelt es in Außenbereichen an Aktivitäten, die ihre psychologische Seite entwickeln. (...)
> Der Ästhetik oder Schönheit des Gartens gilt die erste Überlegung. Im Garten finden wir eine Fülle an schönen Blumen, duftenden Pflanzen, Bäumen und mehr. Die Pflege sollte gemeinsam von einem professionellen Gärtner und den Kindern übernommen werden. Ein Teil der Erziehung der Kinder besteht darin, dass sie lernen, den Blumen und Pflanzen in Beeten Respekt entgegenzubringen und Beete anzulegen. Es gelten dabei die gleichen Ordnungsprinzipien wie im Innenbereich, wo man Möbel und Wände reinlich hält" (S. 16ff.).

In weiteren, sehr differenzierten Aussagen über Garten und Außenanlagen (S. 18–21) macht Montessori deutlich, dass es auch in den Außenanlagen um nichts anderes geht, als zu lernen, eigenständig Freiheit in sozialer und persönlicher Verantwortung wahrzunehmen.

Das mag zunächst erstaunen, denn in ihren frühen pädagogischen Bemühungen ging es Montessori um die Einrichtung einer „vorbereiteten Umgebung" mit der Dominanz des klassischen Montessori-Materials. Und wenn man heute von einer vorbereiteten Umgebung spricht – erst recht, wer eine solche Umgebung im Sinne Montessoris gestalten will –, denken natürlich die meisten auch zunächst an dieses Material.

Montessori aber legt nicht nur ein didaktisches Gesamtkonzept für alle Lebensalter vor, sondern konkretisiert dieses bis hin zur Gestaltung der Architektur unter Einbeziehung der Außenanlagen. Das ist vielleicht überraschend und für viele neu, aber im Prinzip nur notwendiges Weiterdenken des pädagogischen Gesamtkonzeptes.

Das Montessori-Material – allgemeine Merkmale

Gleichwohl wird im Mittelpunkt der Beachtung immer das didaktische Montessori-Material stehen. Es ist genial einfach, wirksam und vielleicht deshalb stets als Erstes im Fokus. Wenn nun erforderliche Merkmale des Montessori-Materials aufgezählt werden, dann heißt das nicht, dass alle diese Merkmale gleichzeitig in ein- und demselben Material vorhanden sein müssen. Dazu sind die Materialien zu unterschiedlich. Aber es ist wichtig, alle diese Materialien zu kennen und deren Merkmale im Einzelnen genau zu studieren, wenn man sie im Alltag einer Montessori-Einrichtung angemessen und im Dienst für das Kind einsetzen will.

Kontinuität

Grundlegend ist, dass dem Kind kontinuierliche Erfahrungsmöglichkeiten geboten werden. Ein Kind, das in den ersten Lebensjahren Grunderfahrungen in Bezug auf Ordnung gemacht und sein Leben als gut geordnet erfahren hat, wird die eindeutig definierten Ordnungsstrukturen des Montessori-Kinderhauses nachvollziehen und dadurch ein eigenes Ordnungsbewusstsein aufbauen und differenzieren können. Das System Schule wird ihm in seinen strukturellen Anforderungen eher zugänglich, vielleicht gar verständlich werden, bevor es in der Pubertät überkommene Ordnungen infrage stellt, um seinen eigenen Platz für die Zukunft zu definieren.

Progressivität

Alle Elemente der vorbereiteten Umgebung müssen so gestaltet sein, dass sie die Neigungen, Bedürfnisse und Interessen des Kindes entsprechend seinem jeweiligen Entwicklungsstand ansprechen, es herausfordern und so einen weiterführenden (progressiven) Bildungsprozess bewirken.

Einfachheit

Bei seinen Lernprozessen darf das Kind insbesondere in der Montessori-Krippe und dem Kinderhaus nicht in Orientierungsnöte gebracht werden. Alles muss für das Kind ohne fremde Hilfe erreichbar sein, denn es soll selbstständig tätig werden. Darum ist eine herausfordernde und auffordernde Einfachheit des Raumes und der Ordnung der Materialien geboten.

Aufforderungscharakter

In der Konsequenz dieser Merkmale der Umgebung entwickelte Montessori klare Kriterien für das Material. Die gesamte Umgebung muss ihrer Auffassung nach Aufforderungscharakter haben, die Materialien müssen das Kind ansprechen. Durch Platzierung im Raum, Formgebung und Farbe, durch Schlichtheit und Überschaubarkeit teilen sie dem Kind mit: „Komm, erprobe, was in mir steckt. Lass dich herausfordern!“

Proportionalität

Wie schlimm wäre es für ein Kind, wenn seine Aktivität daran scheitern müsste, weil etwas zu schwer, zu groß, unerreichbar wäre. Die vorbereitete Umgebung nimmt in allen Elementen Maß am jeweils kleinsten oder schwächsten Kind. Dies gilt prinzipiell auch mit Blick auf Inklusion.

Isolation einer Schwierigkeit

Kinder fordern sich selbst gerne heraus – aber nicht gerne durch verschiedene Probleme oder Ansprüche gleichzeitig. Wenn für das Kind zum Beispiel das Thema Farbe bedeutsam ist, beschränkt sich der Charakter des Materials vorwiegend auf seine Farbgebung und nicht auch noch auf Form oder Gewicht. Die Kunst der Konstruktion von Montessori-Materialien besteht darin, all das wegzulassen, was von seiner eigentlichen Funktion ablenken könnte.

Mengenmäßige Begrenzung

Jedes Material ist so konstruiert, dass es in seiner ganzen Fülle und Gestalt für das Kind immer überschaubar und so handhabbar bleibt. Damit wird nicht zuletzt schneller Ermüdung entgegengewirkt. Im Bereich der Montessori-Krippe geht die Anzahl der Elemente von drei aus und steigert sich, je nach dem Fortschritt der Kinder, ganz behutsam – in der Regel bis zu zehn. Im Kinderhaus wird dann die mengenmäßige Begrenzung üblicherweise bei zehn liegen.

Autonomer Charakter

Jedes Material ist bedeutsam und steht für sich selbst. Es verfolgt ein eigenes Ziel, hat seine eigenen Gesetze und vermittelt spezifische Erfahrungen und Erkenntnisse.

Ästhetische Qualität

Das Material ist von hoher Qualität. Kunststoffe werden so weit wie möglich vermieden. Das Holz ist aufwändig verarbeitet, der Lack grundsätzlich unschädlich und von hoher Dichte. Haltbarkeit und Schönheit sind auf diese Weise im Montessori-Material zusammengeführt.

Immanente Fehlerkontrolle

Wer selbst etwas tut, will das auch richtig machen. Und wer einen Fehler gemacht hat, möchte das am liebsten selbst herausfinden und auch eigenständig korrigieren. Genau daraufhin ist das Montessori-Material konzipiert. Wenn das Kind – nach einer passenden Einführung durch den Pädagogen – selbstständig arbeitet und dabei einen Fehler entdeckt, findet es durch sein Tun heraus, wie es richtig zu machen ist. Ganz ohne einen Erwachsenen. Die Freude an der Arbeit geht ungebrochen weiter. Der Fehler ist nicht ein Feind, sondern ein Freund.

Funktionalität
Montessori-Materialien geben, eine professionelle Einführung durch den Pädagogen vorausgesetzt, ihre didaktische Bedeutung dem Kind unmittelbar zu erkennen. So wie die Materialien sind, teilen sie dem Kind eindeutig mit, was mit ihnen sinnvollerweise und mit großem Erfolg getan werden kann. Gebrauchsanweisung und Zielsetzung sind gleichzeitig im Material erkennbar.

Ganzheitlichkeit
Beim kindlichen Umgang mit Montessori-Materialien sind immer verschiedene Sinne einbezogen, immer ist Bewegung erforderlich, motorische und kognitive Prozesse bedingen und fördern sich wechselseitig. Nicht ohne Grund wird daher auch vom didaktischen Sinnesmaterial gesprochen.

Schlüsselfunktion
Das Montessori-Material ist niemals Selbstzweck. Es hat in dem Augenblick seinen Dienst erfüllt, wenn das Kind sich von ihm lösen und in der umgebenden Welt das vollziehen kann, was man Transfer nennt. So also wird das Material zum „Schlüssel zur Welt".

Kreuzpunktfunktion
Montessori-Materialien sind so konzipiert, dass die Kinder mit ihnen autonom arbeiten können. Dabei suchen sie oft nach dem ersten Erfolgserlebnis weitere Erfahrungen auf höherem Niveau (Vertikalachse). Manchmal streben Kinder auch Präzisierungen und Vertiefungen des Erworbenen an, um mehr (Selbst-)Sicherheit zu gewinnen (Horizontalachse).

Alle Materialien haben ein gemeinsames Ziel: Kinder sollen eigenverantwortlich mit ihnen umgehen und sich kognitiv, emotional und sozial durch sie bereichern lassen können.

Die Aufgabe der Pädagogen besteht in diesem Zusammenhang vor allem darin, dafür Sorge zu tragen, dass in der vorbereiteten Umgebung gemäß den sensiblen Phasen die passenden Materialien für die Kinder vorhanden sind.

2.6 Eltern – Erzieher – Lehrer: Montessori-Pädagogen

Als sie mich begrüßt, muss sie sich erst einmal dehnen: „Dreißig Dienstjahre auf dem Buckel."

Und immer noch Freude am Beruf? Kein vorzeitiger Ruhestand? Sie lächelt: „Seit 25 Jahren habe ich das Montessori-Diplom, und seit 20 Jahren leite ich dieses Kinderhaus. Keine Sekunde, glauben sie mir, keine Sekunde möchte ich missen."

Und warum?

„Ich habe auf Montessoris Spur Kinder entdecken können. Und meine Achtung, ja fast Ehrfurcht vor diesen kleinen Wesen ist mehr und mehr gestiegen. Die Kinder haben mir immer wieder gezeigt, wie Menschen zielstrebig und doch liebevoll miteinander umgehen können."

Hat die Erzieherin, Frau Schaller, ein Erfolgsrezept? Denn ihre Einrichtung kann sich vor Anfragen kaum retten, während anderswo Kindergärten geschlossen werden müssen.

„Ich sag das mal so: Die Kinder spüren, dass ich sie liebe. Und sie wissen, dass es klare Regeln gibt. Und sie dürfen in unserer vorbereiteten Umgebung tun, was sie zeigen lässt, was in ihnen steckt."

Ist das Montessori?

„Ja. Eigentlich ganz einfach: Man muss nur sich selbst zurücknehmen, genau beobachten und das Kind in der vorbereiteten Umgebung seinen Weg finden lassen. Und konsequent und kompetent dabei helfen."

Die Tür geht auf. Ein Kind kommt herein, bleibt stehen und schaut Frau Schaller fasziniert an: „Was möchtest du?" Das Kind erwidert: „Frau Schaller, sie haben ja Sonnenstrahlen im Gesicht." „Wo?" Das Kind zeigt auf ihre Augen: „Da oben!"

Die Lachfalten. Sonnenstrahlen. Zeugnisse einer tiefen Zufriedenheit. Es muss wohl wirklich Freude machen, in einer Montessori-Einrichtung zu arbeiten. Ich habe verstanden.

„Die Vorbereitung der Umgebung und die Vorbereitung des Lehrers sind das praktische Fundament unserer Erziehung. Immer muss die Haltung des Lehrers die in der Liebe bleiben. Dem Kind gehört der erste Platz, und der Lehrer folgt ihm und unterstützt es. Er muss auf seine eigene Aktivität zugunsten des Kindes verzichten. Er muss passiv werden, damit das Kind

> aktiv werden kann. Er muss dem Kind die Freiheit geben, sich äußern zu können; denn es gibt kein größeres Hindernis für die Entfaltung der kindlichen Persönlichkeit als einen Erwachsenen, der mit seiner ganzen überlegenen Kraft gegen das Kind steht" (Montessori 1965, S. 21).

Gleichwertigkeit der pädagogischen Arbeit

Montessori unterscheidet nicht zwischen den Berufsgruppen, sondern sie verwendet gleichbedeutend die Bezeichnungen Erzieher/Erzieherin/Lehrerin/Lehrer. Und sie geht davon aus, dass im Grunde die Eltern die gleiche Verantwortung und noch mehr tragen, als dies die professionellen Pädagoginnen und Pädagogen tun müssen.

Dabei setzt sie auch die Gleichwertigkeit der Arbeit in den unterschiedlichen Altersstufen voraus. Ihr wäre völlig unverständlich, dass – wie dies in unserer Gesellschaft teilweise noch anzutreffen ist – der Erzieherberuf einen geringeren sozialen Rang hat als der eines Lehrers oder einer Lehrerin. Die Haltung und die Fähigkeiten, mit denen die Pädagoginnen und Pädagogen in ihre Arbeit hineingehen, dürfen sich nicht unterscheiden.

Aber was genau ist denn die Aufgabe der Pädagoginnen und Pädagogen? Sie besteht darin, „dem Werdenden beizustehen und nicht bloß dem bereits Gewordenen" (Montessori 1978, S. 72) – oder anders gesagt: „Die Lehrerin unserer Arbeit ist nicht der Bildner und Lehrer des Kindes, sondern der Gehilfe" (Montessori 1965, S. 23).

Um diesen Aufgaben entsprechen zu können, muss in allererster Linie die innere Einstellung zum Kind stimmen. Das verlangt von jedem Pädagogen ein Innehalten und kritische Selbstreflexion, möglicherweise sogar eine Umkehr und Abkehr von Traditionen und Routine.

Das Kind ist Akteur seiner Bildung

Montessori hatte keine Scheu, in diesem Zusammenhang von „Bekehrung" zu sprechen. Sie meinte damit, dass die Pädagogen Abschied nehmen müssen von der Vorstellung, sie seien die Macher, die Veranstalter, welche Erziehungs- und Bildungsprozesse plankonform zu gestalten hätten. Die innere Umkehr und deren tatsächliche Konsequenzen meinen nicht weniger als einen radikalen Perspektivwechsel. Nicht der Pädagoge ist der Mittelpunkt, um den sich alles drehen muss, sondern das Kind ist Akteur seiner Bildung und steht damit vor riesengroßen Aufgaben.

Der Akzent ist verschoben. Der Pädagoge wird als Macher und Organisator von Bildungsprozessen entlastet. Aber auf eine neue Weise kommt eine viel größere Verantwortung auf ihn zu: Er muss Bedingungen schaffen, in denen sich das Kind selbst bilden kann. Die Selbstbildungsaktivitäten des Kindes zu fördern, zu stärken, zum Ziel zu führen, das ist sein hoch anspruchsvoller Auftrag.

Qualifikationen der Montessori-Pädagogen

Erzieherin und Erzieher sowie Lehrerinnen und Lehrer sollten geprägt sein von einem neuen Dienstverständnis, das den Mut bedingt, sich unterzuordnen, sich neben und nicht über das Kind zu stellen. Montessori zögert nicht, in diesem Zusammenhang von Demut als einer besonderen Form der Liebe zu sprechen. Welche Qualifikationen muss nun eine solche Pädagogin, ein solcher Pädagoge mitbringen?

1. Prinzip: Beobachtung
Die entscheidende Qualifikation ist die Fähigkeit zur Beobachtung. Diese Fähigkeit muss professionell eingeübt werden als „teilnehmende" und „systematische" Beobachtung. Die Beobachtung kann nicht einfach eine Disziplin neben anderen sein, sondern muss mit höchster Professionalität und Intensität gelehrt und erprobt werden. Ein Bildungsprozess kann nicht über einen Plan gesteuert werden – sei dieser auch noch so intelligent gemacht. Ein Bildungsprozess kann nur dann gesteuert oder beeinflusst werden, wenn man die Realität des konkreten Kindes erkannt hat – auch eingedenk der Tatsache, dass die Beobachtungen allesamt immer auch fehlerbehaftet sein können. Hier gilt es, den rationalen Zugang aus den Naturwissenschaften den Phänomenen gegenüber in den pädagogischen Alltag zu übertragen.

2. Prinzip: Freiheit
Ist das erste Prinzip also die Beobachtung, so handelt es sich bei dem zweiten Prinzip um die „Freiheit". Aus dem bereits dargestellten Verständnis von Freiheit (siehe Seite 16 ff.) im Sinne Montessoris – niemals also Willkür oder Beliebigkeit – erstehen klare und eindeutige Regeln für einen respektvollen und achtsamen Umgang miteinander: „… dem Kind muss geholfen werden, wo das Bedürfnis da ist. Doch schon ein Zuviel an Hilfe stört das Kind" (Montessori 1965, S. 23).

3. Prinzip: Gespür für den rechten Augenblick
Erzieherinnen und Erzieher, Eltern und Lehrkräfte brauchen ein „Gespür für den rechten Augenblick". Dies gilt sowohl hinsichtlich des Augenblickes der Zurückhaltung als auch des Momentes des Eingreifens. Als Leitwort gilt, was Montessori folgendermaßen formuliert: „Abwarten und beobachten" (Montessori 2010b, S. 115).

4. Prinzip: Begegnung zwischen Kind und dem Material
Das vierte Prinzip besteht darin, die Begegnung zwischen Kind und dem Material zu eröffnen. Der Pädagoge kennt natürlich das Montessori-Material und die Form seiner Einführung bis ins kleinste Detail. Wenn er fragt „Soll ich dir das mal zeigen?" und das Kind interessiert reagiert, beginnt ein von niemandem zu störender Prozess. Dieser Prozess führt das Kind in die Tiefe hinein und versetzt den Pädagogen in die Rolle des behutsam Einführenden, der sich im rechten Augenblick – wenn das Kind offenbart hat, dass es es selbst tun kann – zurückzieht. Bei all dem gelten als bedeutsame Leitlinien: „Die Kinder sind es, die uns bitten, lasst uns Zeit" sowie „Erzieher, zähle deine Worte" (Montessori).

Impulsgeber für die Entfaltung und Gestaltung kindlicher Freiheit

Auf diese völlig neue Weise wird der Pädagoge zu einem Impulsgeber für die Entfaltung und Gestaltung kindlicher Freiheit, für mannigfache Bildungsprozesse, für den Weg zu einer Individualität des Kindes. Montessori zögert nicht, darauf aufmerksam zu machen, dass der Pädagoge, so er diesen Weg der Demut beschreitet, einem höheren Auftrag entspricht: „Er ist ein Mitarbeiter der Schöpfung"(Holtstiege 1991, S. 52).

Wer als Pädagoge ausgebildet wird, um Macher und Organisator von sogenannten Bildungsprozessen zu werden, wird Zeit brauchen, um seinen Auftrag anders zu verstehen, zu akzeptieren und für sich fruchtbar zu machen. Wenn er sich selbst befreit hat (und das ist oft leider immer noch erforderlich), um diesen Weg zu gehen, kann der Pädagoge eine neue, heilsame, bisweilen auch durchaus erholsame Beziehungsstruktur entwickeln, die viel verlangt, aber auch viel gibt.

Wer dann erlebt, wie auch schwierige Kinder auf diese Weise zu sich selbst finden, wie Kinder mit besonderen Bedürfnissen ihre Potenziale erweitern und dabei glücklich sind, wird dankbar sein, die Chance entdeckt zu haben, die durch jedes Kind dieser Welt „erwachsen" kann. Das ist Montessoris Hoffnung.

3 Montessori-Pädagogik in der Praxis

„In welche Einrichtung geben Sie denn Ihr Kind?“ Heute ist es für Eltern nicht mehr selbstverständlich, sich für die nächstgelegene Kindertagesstätte oder Krippe zu entscheiden. Eltern, die oft sehr lange mit ihrer Entscheidung für ein Kind gewartet haben, machen sich viel Mühe, um den wirklich besten Kindergarten, die wirklich beste Krippe für ihr Kind zu finden. Und sie informieren sich. Viele fragen nach einem besonderen pädagogischen Konzept – so auch nach „Montessori“.

Montessori-Pädagogik bietet ein durchgängiges pädagogisches Konzept, das alle Jahrgangsstufen umfasst. Dieses Angebot beginnt also unmittelbar nach der Geburt, begleitet das erste Lebensjahr, bietet dann eine Montessori-spezifische Kinderkrippe, öffnet die Tür zum Montessori- Kinderhaus, um von dort einen möglichst gleitenden und fröhlichen Übergang in die Montessori-Grundschule zu gewährleisten und schließlich in der „Montessori-Sekundarschule“ – am besten bis zum Abitur – seinen Abschluss zu finden. Dabei sind die Übergänge zwischen den Einrichtungen fließend. Maßstab ist nicht eine Angabe im Kalender, nicht einmal das Geburtsdatum, sondern der Entwicklungsstand des jeweiligen Kindes.

3.1 Vorgeburtliche Entwicklung, erstes Lebensjahr und die Montessori-Krippe (nido dei bambini)

Montessori selbst hat für die ersten drei Lebensjahre – also für die Phase von der Geburt bis zum Eintritt in das Montessori-Kinderhaus – kein eigenständiges pädagogisches Konzept entwickelt. Zu ihrer Zeit ging man davon aus, dass die Kinder im „sozialen Mutterschoß“ der Familie ihre ersten Lebensjahre verbringen.

Insoweit kann heute, wer eine Montessori-Kinderkrippe anbietet, nur die Prinzipien der Montessori-Pädagogik und ihre höchst aktuellen Aussagen über die ersten Lebensjahre auf eine Institution übertragen und diese dann entsprechend gestalten. Maria Montessori stellt hierzu schlicht fest: „Die Größe der menschlichen Personalität beginnt mit der Geburt des Menschen“ (Montessori 1972, S. 2).

Je älter Maria Montessori wurde, desto intensiver hat sie sich mit der Entwicklung und Bildung in der frühesten Kindheit auseinandergesetzt. Die wesentlichen Aussagen dazu finden sich in „Das kreative Kind“ (Montessori 1972). Weil Montessori selbst keine Modell-Einrichtungen für das erste Lebensjahr entwickelt hat oder entwickeln wollte, werden wir uns im Folgenden an den in diesem Werk dargestellten Grunderfordernissen orientieren.

Der Raum für das erste Jahr muss ein besonderer sein

Mir ist bis heute nicht verständlich, warum eine Einrichtung für die ersten drei Lebensjahre, die ja so viel an Geborgenheit, Intimität und Zuwendung verlangen, ausgerechnet mit „Krippe“ bezeichnet wird. Montessori selbst kennt diesen Begriff nicht, und es ist sehr zu bezweifeln, ob sie ihn jemals angewendet hätte. Im Montessori-Umfeld im deutschsprachigen Raum finden wir (neben Krippe) zum Beispiel folgende Bezeichnungen: nido dei bambini (Nest für/der Kinder), Kinderstube oder Kinderhäuschen.

Bedeutsam ist, dass dem Kind im ersten Lebensjahr aufgrund der vielfältigen und nachhaltigen Entwicklungsprozesse ein besonderer Schonraum geboten wird. Dieser Raum sollte ausschließlich den Kleinsten vorbehalten sein und flächenmäßig der größte innerhalb der Krippe sein, weil die Kinder beim Krabbeln, Drehen, Rollen, Hochziehen, Aufrichten etc. eben viel Platz benötigen. Er muss klar gegliedert und auf besondere Weise „vorbereitete Umgebung“ sein.

Das erste Lebensjahr im Montessori-nido: Beziehung/Bindung – Bewegung – Ordnung – Sprache

Bindungstheorien kannte Maria Montessori noch nicht. Aber ihr war sehr wohl bewusst, dass der Schlüssel für eine gedeihliche und tragfähige Bindung in einer verlässlichen und emphatischen Beziehung im ersten Lebensjahr liegt. Es muss Ziel der pädagogisch-professionellen Arbeit mit dem Neugeborenen im ersten Lebensjahr sein, dem Kind eine sichere Bindung zu ermöglichen.

Erneut soll darauf hingewiesen werden, dass es aus entwicklungspsychologischer wie auch pädiatrischer Sicht unbedingt erforderlich ist, für die Kinder im ersten Lebensjahr einen besonderen Schon- und Schutzraum einzurichten. Personalkonstanz ist vorrangig sicherzustellen.

Die sensiblen Phasen in den ersten drei Lebensjahren beginnen mit der Geburt (ausführliche Beschreibung der sensiblen Phasen siehe Kapitel 2.4):

Sensibilität für Bewegung

Zentral ist gewiss die Sensibilität für Bewegung.

> „Die Bewegung unterstützt die psychische Entwicklung, und diese Entwicklung findet ihrerseits Ausdruck in weiteren Bewegungen und Handlungen“ (Montessori 1972, S. 129).

Von daher legt Montessori in der Praxis allergrößten Wert auf eine bewegungsoffene, bewegungssympathische Umgebung.
Was heißt das für den Kita-Alltag?

* Bewegungsentwicklung ist psychophysische Persönlichkeitsbildung. Entsprechend wird für das erste Lebensjahr eine geräumige „vorbereitete Umgebung" geschaffen.
* Kindern im ersten Lebensjahr muss die Freiheit zur Erprobung im geschützten Raum ermöglicht werden. Zur Orientierung dienen die Erfahrungen aus den Einrichtungen der ungarischen Kinderärztin Emmi Pikler; sie öffnet Pädagogen mittels ihrer Filmdokumente aus dem Kinderhaus Loczy in Budapest und ihrer Publikationen, die affin zur Montessori-Pädagogik sind, die Augen und gibt konkrete Anregungen für eine Analyse der Bewegung im ersten Lebensjahr.
* Hilfreich sind auch die von Elfriede Hengstenberg entwickelten Einrichtungsgegenstände, die Pikler aufgreift, sowie die Ideen und Vorschläge des Prager Psychologen Jaroslav Koch (PEKIP: Prager Eltern-Kind-Programm).
* Einfache Gegenstände ermöglichen elementare manuelle Tast-, Greif- und Bewegungserfahrungen (z. B. die Erfahrung von rund, eckig, glatt, rau, rollen, kippen). Schlichte Fingerspiele kombinieren Sprache und Handbewegung. „Die Entwicklung der Hand vollzieht sich im gleichen Schritt mit der Entwicklung der Intelligenz" (Montessori 1972, S. 135).
* Bodenbeschaffenheit, Raumgröße und Einrichtung lassen Bewegungen wie rollen, drehen, hochziehen, hinsetzen, aufstehen, fallenlassen in verschiedenen Varianten und an verschiedenen Objekten (z. B. kleine Stufen, schiefe Ebenen, Stäbe, Krabbeltunnel, um sich daran hochzuziehen, Mulden) einüben.
* Bei den alltäglichen Verrichtungen (z. B. Windelwechsel, Essen) ist darauf zu achten, dass die Bewegungen der pädagogischen Fachkräfte nach Möglichkeit nachgehende Bewegungen sind. Das bedeutet, ein Feingefühl für die Bewegungsmuster des Kindes entwickelt zu haben und zumindest da, wo es nötig erscheint, den Vorgang unterstützend vollenden zu helfen. Wichtig ist aber, den Moment zu erkennen, an dem sich der Erwachsene zurückziehen muss. Sonst wird das Kind in eine Abhängigkeit geschickt.
* Wenn das Kind den ersten Schritt tut, ist es an der Zeit, einen behutsamen Übergang in die Gruppe der Zwei- und Dreijährigen zu ermöglichen: Das Explorationsverhalten der Kleinen weist dazu den Weg. Die Tür ist offen zur Montessori-Kinderstube für das zweite und dritte Lebensjahr.

Sensibilität für Sprache

Wenn das Gehör des Kindes funktionsfähig ist, kann es – anders als Montessori es noch meinte – seine elementaren Spracherfahrungen und Klangerfahrungen im Mutterleib postnatal konsequent und kontinuierlich aufbauen und ausbauen.

Was heißt das für die Praxis des ersten Lebensjahres?

- Jede Sprachumgebung wird vom Kind absorbiert. Wer Säuglinge schon kurz nach der Entbindung in seine Einrichtung aufnimmt, muss mit den Kindern langsam, klar, empathisch sprechen – das Letztere geschieht wie von selbst. Dabei ist das Gesicht des Erwachsenen dem des Säuglings aus geringem Abstand zugewendet.
- Das Sprechtempo sollte angemessen sein, die Artikulation präzise, der Satzbau, die Wortwahl, die gesamte grammatische Struktur können durchaus anspruchsvoll sein. Je komplexer die Sprache ist, die wir dem Kind vorsprechen, desto komplexer wird auch sein zunächst passives, dann aktives Sprachvermögen sein.
- Es gilt, Sprachanlässe zu schaffen oder auf diese einzugehen. Manchmal zeigt das Kind nur scheinbar keine Reaktion. Füttern und Wickeln sind gute Gelegenheiten zur intensiven Kommunikation. Deswegen darf dies niemals unter Zeitdruck geschehen. Die Vorgänge selbst können dabei versprachlicht werden. Auch hier liefert Emmi Pikler wieder eindrucksvolle Beispiele.

Selbstverständlich gehören elementare Lieder, oft begleitet von Handgesten, zum sprachkommunikativen Repertoire einer jeden pädagogischen Fachkraft. Auch wenn die Kinder selbst noch nicht singen können, werden sie die Klänge vernehmen, aufnehmen, später wiedererkennen und gerne dann auch selbst hervorbringen.

Sensibilität für Ordnung

Wer Montessoris Aussagen über die Sensibilität für Ordnung im Säuglings- und Kleinkindalter in der Praxis berücksichtigen will, wird nicht umhin können, ihren Ordnungsbegriff, verstanden als das Aufwachsen in sicherer Zuverlässigkeit und eindeutigen Bezügen, zu ergänzen mit den Erkenntnissen der Bindungstheorie. Bindung wird als imaginäres Band zwischen zwei Personen gedacht, das in Gefühlen verankert ist und das sie über Raum und Zeit hinweg miteinander verbindet (vgl. Bowlby & Ainsworth 2005).

Jeder, der im Sinne Montessoris mit Kindern im ersten Lebensjahr institutionell arbeiten will, wird sich mit den verschiedenen Phasen des Bindungsaufbaus sowie ihrer Klassifikationen bekanntgemacht haben.

- Wie schon verschiedentlich angedeutet, bedürfen Säuglinge eines eigenen Bezugsraumes, der ihnen, wenn ihr Explorationsverhalten sie zu kleineren Ausflügen bewegt, einen sicheren Hafen bietet. Umgekehrt ist dieser bodennahe Bezugsraum vor „fremden Eindringlingen“ (z. B. Kinder aus anderen Gruppen) zu schützen.
- Der umgebende Raum muss zuverlässige Orientierungsmerkmale bieten – wahrgenommen aus dem Blickwinkel des Säuglings (Liege- oder Krabbelposition) und nicht aus der Perspektive des Erwachsenen.
- Wenn ein Säugling eigene Verhaltensmodelle entwickelt (z. B. beim Einschlafen, bei den Mahlzeiten, bei Spielhandlungen), gehen die Montessori-Pädagogen von diesen Modi aus und greifen in deren Strukturen nur dann ein, wenn der Säugling oder das Krabbelkind sich Schaden zufügen könnte.
- Ordnungsstrukturen orientieren sich zuerst an den Bedürfnissen der Säuglinge (Fütterzeiten, Wickelzeiten, Schlafenszeiten) und erst nachrangig an der Arbeitsökonomie der Institution.
- Die Raumstruktur muss auf jeden Fall zuverlässig sein und sollte während des ersten Lebensjahres eines Kindes so wenig wie möglich verändert werden.
- Insgesamt sollte der Alltag – den kollegialen Konsens vorausgesetzt – zuverlässige Rituale bieten.

Bewegung – Sprache – Ordnung

Diese elementaren Sensibilitäten erfordern einen besonders aufmerksamen Pädagogen. Es versteht sich, dass auch nachdem das Kind sich aufgerichtet hat und den Raum, den Schonraum des ersten Lebensjahres, eigenständig verlassen kann, diese Sensibilitäten weiter aktiv sind und entsprechend eine vorbereitete Umgebung finden müssen. Montessori-Pädagogik bietet dazu die elementaren „Übungen des täglichen Lebens“ (siehe Seite 56 ff.) sowie die Übungen für sogenannte „Infant toddlers“ (dabei handelt es sich um nach Montessori-Kriterien entwickeltes Material, das elementare Sinneserfahrungen für die ersten 18 Monate ermöglicht; die fachliche Einführung erfolgt in der Regel über eine entsprechende Zusatzausbildung).

Das zweite und dritte Lebensjahr im Montessori-nido

> „Die Erziehung hat als erstes die Aufgabe, dem Kind eine Umgebung zu schaffen, in der es die Möglichkeit hat, die ihm von der Natur zugeteilten Funktionen zu entwickeln. (…) Nur durch Freiheit und Erfahrungen in der Umwelt kann sich der Mensch entwickeln“ (Montessori 1972, S. 82 f.).

Kinder lieben es, sich anzustrengen. Manchmal kann man beobachten, wie sie anscheinend viel zu große und viel zu schwere Gegenstände von einem Platz zum anderen zu tragen versuchen – und, zum Erstaunen der begleitenden Erwachsenen, dies auch tatsächlich schaffen. Das Zugreifen, Halten, Tragen – es wird zunehmend bewusst und vom Willen gesteuert. Das Kind will sich wirklich anstrengen. Es will nicht nur Lasten schleppen, sondern auch Schlüssel in Öffnungen stecken, die viel zu eng anmuten, Mechanismen in Gang setzen, die anscheinend viel zu kompliziert sind.

Es ist die Intelligenz der Hand, wie es Montessori sagt, es ist die Vertiefung der Auge-Hand-Koordination, und es ist der Wille, sich in eigener Entscheidung herauszufordern und diese Entscheidung dann auch durchzuhalten.

> „Wenn seine Hand zu arbeiten wünscht, müssen wir ihm die Möglichkeit geben, eine intelligente Tätigkeit zu entfalten" (Montessori 1972, S. 138).

Diese kindliche Intelligenz orientiert sich an den Herausforderungen aus der Umgebung und an den eigenen Möglichkeiten. Eine kleine Geschichte mag dies verdeutlichen:

Kürzlich beobachtete ich Tim, 20 Monate alt, im „nido". Er hat sich aus dem Korb eine Holzlokomotive geholt, deren Achsen eigens eingesteckt werden müssen. Eine Achse allerdings fehlt. Tim sucht im Korb, findet sie und steckt sie durch die Öffnung. Nun fehlen aber noch die Räder. Eines, gleich groß wie die Räder auf der Hinterachse, ist schnell aufgesteckt, ein zweites Rad erweist sich im Durchmesser als zu klein. Tim schiebt die Lok dreimal hin und her, das Rad fällt ab. Schließlich findet er ein passendes Teil, die Lokomotive ist fahrbereit. Fast. Es fehlt nur noch die Schnur, um sie zu ziehen. Bald findet Tim auch diese, aber das Einfädeln ist – nach mehreren Versuchen wird ihm das klar – für ihn und seine kleine Hand zu schwierig. So hält Tim Lok und Schnur hoch, sucht Blickkontakt zur Erzieherin, die beobachtend in der Nähe ist, und sagt fragend: „Das Bändel?" Die Erzieherin geht auf ihn zu und fragt: „Soll ich es dir zeigen?" Sie kniet sich neben Tim, fädelt ein, ganz langsam, verknotet und gibt ihm die Schnur in die Hand. Tim zieht los. Seine Arbeit ist vollbracht.

Was ist an diesem Beispiel „Montessori"? Zunächst einmal durfte Tim in Freiheit eine Entscheidung für eine Tätigkeit treffen. Diese Tätigkeit schien ihn an seine Grenzen zu bringen. Weil er das Ziel klar vor Augen hatte, versuchte er es mit seinen Möglichkeiten zu erreichen. Zu einem bestimmten Moment merkte er, dass er Hilfe braucht, und holte sie sich. Die Pädagogin war so klug, sich zurückzuhalten. Sie nahm sich zurück, als sie bemerkte, dass Tim nun eigenständig weitermachen kann.

Die Stärke der Kinder wächst mit ihrer zunehmenden Geschicklichkeit. Mit großer Freude tragen sie einen Wasserkrug durch den Raum, transportieren ihr Arbeitsmaterial auf einem Tablett, richten sich ihren Arbeitsplatz ein. Mit ebensolcher großer Freude setzten sie sich aber auch auf ein Schaukelpferd, eröffnen einen Kaufladen und führen elementare Rollenspiele durch. Mit Behutsamkeit und Achtsamkeit suchen sie die Nähe der pädagogischen Fachkraft, setzen sich zu ihr, um zum Beispiel gemeinsam ein Bilderbuch anzuschauen.

> „Beobachten wir ein Kind dieses Alters, so stellen wir fest, dass es zu bestimmten Tätigkeiten neigt. Sie können uns absurd erscheinen, aber das zählt nicht: Das Kind muss sie zu Ende führen" (Montessori 1972, S. 143).

Wie könnte – ein wenig idealtypisch gedacht – eine Montessori-Umgebung für das zweite und dritte Lebensjahr aussehen? Es gibt bei Montessori dafür keine Regeln, aber eine Fülle von Hinweisen. Manches muss und darf man vom Kinderhaus in diese Altersphase durchaus übertragen:

- Struktur, Ordnung und Anstrengung beginnen bereits in der **Garderobe**. Das Anziehen, Ausziehen, Aufhängen der Jacke – zunächst auf einen in Kinder-Augenhöhe angebrachten Haken (ab dem Alter von 18 Monaten durchaus auch auf einen Kleiderbügel) – bereiten sichtlich Freude, wenn dies nicht unter (elterlichem) Zeitdruck geschieht. Den Kindern ist in erster Linie der Vorgang wichtig, nicht das Ergebnis. Der Erwachsene, sofern er sich Zeit nimmt, freut sich mit dem Kind, wenn die Kleidung abgelegt ist, die Straßen- mit den Hausschuhen getauscht sind.
- Der **Gruppenraum** ist in klar abgegrenzte Zonen eingeteilt, die sich durch offene Regale bis maximal Kopfhöhe der Kinder gliedern. So gibt es eine Zone für „Übungen des praktischen Lebens", eine für elementares „Sinnesmaterial", eine für „Rollenspiele", eine für Musik, eine für das Lesen und Vorlesen, eine für das individuelle Essen und Trinken.
- Vom originären Montessori-**Sinnesmaterial** des Kinderhauses (siehe Seite 59 ff.) haben sich als erprobt erwiesen: der rosa Turm, die braune

Treppe, die roten Stangen, die Einsatzzylinder (zunächst reduziert auf drei) und die farbigen Zylinder, Farbtäfelchen (die ersten drei Kästen), geometrische Körper und, in reduziertem Umfang, die Geräuschdosen sowie die Tastbretter.

* Bei der Beliebtheitsskala der Übungen des täglichen Lebens (siehe Seite 56 ff.) ließ sich – über die Jahre hinweg – folgende Rangliste erkennen: Wassergießen in verschiedenen Abstufungen, Reis löffeln, Reis schütten, Hände waschen, Tisch decken, Spülen und Abtrocknen (mit Porzellan und Glasgeschirr), Schraubverschlüsse mit unterschiedlichen Schwierigkeiten, das Zusammenbringen von Flügelschrauben und Muttern. Im zweiten und dritten Lebensjahr sind durchaus auch schon gegenseitiges Bedienen, gegenseitige Hilfe beim Anziehen von Schürzen und konsequentes Aufräumen des Arbeitsplatzes beobachtbar.
* Eine Serie von sogenannten „Infant toddlers“ schafft eine Fülle von Möglichkeiten zur Übung der **Auge-Hand-Koordination** und parallele Sprachanreize auf elementarer Ebene.
* Eine Serie von **Puzzles** zunehmender Komplexität (anfänglich aus Holz mit Griffhilfe)
* Rollenspielzonen (siehe Seite 55)
* Kreativbereich und Klangbereich
* Lese-und Rückzugszone
* Über die Gestaltung des Außenbereichs wurde bereits auf den Seiten 32 f. berichtet.

Wie aber findet man als Montessori-Pädagoge nun genau heraus, was die Bedürfnisse des Kindes sind?

> „Das Kind hat seine eigenen Entwicklungsgesetze, und wollen wir ihm bei seinem Wachstum helfen, dürfen wir uns ihm nicht aufdrängen, sondern müssen ihm folgen. Es läuft nicht nur mit den Beinen, sondern auch mit den Augen“ (Montessori 1972, S. 146).

Mit den Augen laufen – das ist eine der überraschenden Feststellungen Montessoris: Erwachsene achten zu sehr auf die Ergebnisse und weniger auf die Ursache der Prozesse. Sie müssen üben, den Augen der Kinder zu folgen, bevor sie tätig werden, und aus ihrer Perspektive abschätzen, ob das, was die Kinder im Blick und wohl auch als Ziel haben, für sie sowohl erreichbar als auch handhabbar ist. Und dann wäre zu fragen: Soll ich dir das mal zeigen?

Vorbereitete Umgebung – Vorbereitete Pädagogen?

Es versteht sich, dass in einem Montessori-nido qualifizierte Montessori-Pädagoginnen und -Pädagogen tätig sind. Maria Montessori sagt sehr klar:

> „Die Ausbildung eines Lehrers, der dem Leben helfen soll, verlangt weit mehr als eine intellektuelle Ausbildung; es handelt sich um eine Bildung des Charakters" (Montessori 1972, S. 121).

Dabei konnte Montessori noch nicht wissen, dass es später zum deutschen Bildungssystem gehören würde, eine Einrichtung für die ersten drei Lebensjahre zu besuchen. Ihr war aber klar, dass – in ihrer Zeit gedacht – die Mütter unbedingt eine Zusatzausbildung brauchten, um „das Beste" für ihre Kinder zu ermöglichen. Sie forderte für Mütter von Neugeborenen ein „centro di nascita", da gleich ab der Geburt höchste und kompetente pädagogische Sorgfalt zu walten habe.

Wer das (anerkannte) Montessori-Diplom erwirbt, kennt die anthropologischen Grundlagen, weiß um die sensiblen Perioden, die Rolle des Lehrers, die Bedeutung der vorbereiteten Umgebung etc. Allerdings galt und gilt es in der Gegenwart, diese Ausbildung besonders für die ersten drei Lebensjahre um eine Montessori-adäquate Praxis zu ergänzen.

Die Montessori-Akademie-Süd (siehe Seite 80) zum Beispiel bietet seit dem Jahr 2006 ein erfolgreiches Konzept an, in dem Kinderarzt und Bindungsforscher, Psychologe und Hebamme, Physiotherapeut und Orthopäde, Pikler-Pädagoge und Vertreter des Prager Eltern-Kind-Programms, Jurist und Fachleute für Sprachförderung, Kunst, Ernährung und Musik in einem aufeinander abgestimmten Konzept einen Beitrag zur pädagogischen Qualifizierung für die ersten drei Lebensjahre leisten wollen. Selbstverständlich werden dabei auch Elemente der Montessori-Pädagogik in Theorie und Praxis angeboten; Hospitationen in Einrichtungen ergänzen das Programm.

Es ist erfreulich, dass zunehmend auch die Träger diese nebenberufliche, etwa neunzigstündige Weiterbildung, die zuvor oft privat bezahlt wurde, finanzieren. Sie haben erkannt, welch bedeutsame pädagogische Arbeit mit Kindern in den ersten drei Lebensjahren stattfindet. Der Blick auf die ersten drei Lebensjahre darf engagierte Pädagoginnen und Pädagogen jedoch nicht zu unreflektierten Agenten eines rein ökonomischen Denkens werden lassen: „Wir können doch alle in eine Gruppe stecken, das spart Geld." Denn gerade für die ersten drei Lebensjahre gilt:

„Das Kind formt von sich aus den zukünftigen Menschen, indem es seine Umwelt absorbiert“ (Montessori 1972, S. 14).

Und diese Umwelt – sie wird von uns allen verantwortet.

3.2 Das Montessori-Kinderhaus – casa dei bambini

Casa dei bambini bedeutet übersetzt „Haus der Kinder“. Es geht darum, ein Haus einzurichten, das konsequent auf die Bedürfnisse der Kinder ausgerichtet ist. Was heute selbstverständlich scheint, war zu Montessoris Zeiten revolutionär: Stühle und Tische nach Kindermaß, Fensterbänke, über die ein Kind hinwegschauen kann, offene Regale, aus denen sich jedes Kind sein Material selbst holen kann, Handwaschbecken und Toiletten, die in ihren Maßen auf die Kinder abgestimmt sind.

Der Begriff „Kinderhaus“ scheint sehr sachlich, doch macht er deutlich, dass für Montessori das Haus und seine Räume bis ins letzte Detail hinein die bedeutsamsten Miterzieher sind.

Was die Architektur eines Kinderhauses anbetrifft, wurden bereits einige Grundaussagen Montessoris vorgestellt (siehe Seite 29 ff.). Hier geht es nun um eine Innensicht, um einen Blick auf den Zusammenhang zwischen Raum und Möglichkeiten für Kinder. Im Folgenden sind dazu einige zentrale Forderungen aufgelistet:

Kinder müssen sich frei bewegen können

Die Möblierung der Räume beschränkt sich auf das Erforderliche und Notwendige. Kinder arbeiten gerne am Boden –, und der Raum muss dies auch zulassen. Montessori schlägt vor, dass etwas mehr als die Hälfte eines Raumes freibleiben solle. Diese Bodenflächen können die Kindern dann, je nach Bedarf, mit einem Arbeitsteppich belegen, der nach Abschluss der Arbeit wieder in das dafür vorbereitete Regal gestellt wird. In der vorbereiteten Umgebung findet sich selbstverständlich das für das Alter von drei bis sechs Jahren geeignete Montessori-Material (siehe Seite 59 ff.). Aber Montessori-Pädagogik weiß sehr wohl auch um die Notwendigkeit und die Bedeutung von Werken, Rollenspiel, Bauen und Konstruieren oder Bewegung auf einer sogenannten Bewegungsbaustelle.

Hier ist seitens der Pädagogen Kreativität gefragt: Es gilt Zonen zu bestimmen, die nicht überplant sind, und gegebenenfalls von mehreren

Gruppen nach Absprache genutzt werden können In den meisten Kinderhäusern findet sich auch eine stille Ecke oder ein Rückzugsraum.

Kinder müssen das Material eigenständig erreichen und nutzen können

Das Montessori-Prinzip der Selbsttätigkeit legt es nahe: Hat sich ein Kind für die Arbeit mit einem Montessori-Material entschieden, soll es sich dieses auch ohne fremde Hilfe an seinen Arbeitsplatz holen und anschließend wieder zurücktragen können. Daher finden sich in Montessori-Einrichtungen offene Regale, in denen das Material so angeboten wird, dass es für das Kind einen „Aufforderungscharakter“ hat. Die Verantwortung für dieses Material, seine Vollständigkeit, seine Anordnung und Pflege liegt beim Pädagogen. Es ist sinnvoll, den Raum einmal mit den Augen eines Kindes, d. h. auch auf dessen Augenhöhe, zu betrachten und zu schauen, welches Material das kleinste Kind in der Gruppe ohne Mühe erreichen und zu sich holen kann.

Kinder müssen sich sicher orientieren können

Diese Bedingung gilt in besonderer Weise für das Material. Eine unumstößliche Regel lautet: Jedes Ding (Material) hat einen festen Platz – jedes Ding (Material) gehört an seinen Platz. Die konsequente Beachtung dieser Vorgabe, wenn nötig, auch die nachhaltige Einforderung dieser Regel, bringt nicht nur eine klare Ordnung in den Raum, sondern ergibt auch Sinn unter einer sozialer Perspektive. Die Kinder tragen selbst Sorge dafür, dass auch andere mit dem gewünschten Material arbeiten können, weil sie es mit Sicherheit wiederfinden. Dauert eine Arbeit mehrere Tage, so stellt das Kind, das gerade mit dem Material beschäftigt ist, sein Namenskärtchen mit einem Platzhalter an den dafür vorhergesehenen Ort. Die anderen Kinder respektieren dies und müssen lernen zu warten. Für die erste Phase – beginnend im nido – hat sich erwiesen, dass es sinnvoll ist, Platzhalter zu schaffen, indem ein Bild des Materials an die passende Stelle im Regal geklebt wird.

Montessori-Materialien sind wertvoll und daher nicht gerade billig. Aber auch hier gibt es zwischenzeitlich hohe Qualitätsunterschiede. Doch hat sich erwiesen, dass Material, das gut produziert ist, mehrere Kindergenerationen „überleben“ kann.

Regeln im Umgang mit dem Material und untereinander werden von allen eingehalten

Die Arbeit mit dem Montessori-Material ist nicht beliebig. Hier gibt es klare Regeln, die konsequent eingehalten werden müssen. Es ist zum Beispiel nicht zugelassen, Material zu beschädigen, indem es zweckentfremdet oder roh damit umgegangen wird; und es geht auch nicht, Material anderen Kindern wegzunehmen.

> „Wenn wir aber eine Umgebung schützen, die der Größe, den Kräften und den psychischen Fähigkeiten der Kinder entspräche, und wenn wir das Kind dort frei leben ließen, dann hätten wir bereits einen großen Schritt zur Lösung des Erziehungsproblems ganz allgemein getan. (…)
> Ein Kinderhaus, oder, wenn wir wollen, eine Schule, muss, von diesem Gesichtspunkt aus gesehen, besondere Eigenschaften haben. Die Einrichtungsgegenstände müssen den körperlichen Kräften der Kinder angepasst sein, sodass diese mit derselben Leichtigkeit sie von der Stelle rücken können, wie wir die Möbel unseres Hauses verrücken.
> Es gibt demnach wichtige Grundsätze. Die Möbel müssen leicht und so aufgestellt sein dass das Kind sie bequem umhertragen kann, die Bilder so niedrig hängen, dass es sie mühelos betrachten kann; das Kind muss imstande sein, alles zu benützen, dessen es für die Ordnung des Hauses bedarf, und es muss alle Arbeiten des täglichen Lebens ausführen können. (…)
> Ein Kinderhaus soll in den kleinsten Einzelheiten schön und gefällig sein, denn Schönheit ermuntert zu Tätigkeit, zur Arbeit. (…)
> Es besteht, möchte ich beinahe sagen, eine mathematische Beziehung zwischen der Schönheit der Umgebung und der Tätigkeit des Kindes“ (Montessori 1992, S. 56 f.).

Zu Besuch in einem Montessori-Kinderhaus

Im Zentrum einer deutschen Großstadt, mitten in einer Betonwüste, findet sich ein zweigruppiges Montessori-Kinderhaus. Die annähernd 50 Kinder kommen aus unterschiedlichen sozialen Schichten. Rund 70 Prozent der Kinder haben einen sogenannten Migrationshintergrund. Aber für alle findet sich eine „vorbereitete Umgebung“, denn die Montessori-Pädagoginnen und -Pädagogen haben sie nach den bekannten Prinzipien gestaltet.

Vorraum und Garderobe

Treten wir ein: In der umgebauten Altbauwohnung werden die Kinder in einem geräumigen Vorraum begrüßt. In dessen Mitte befindet sich eine achteckige Sitzbank, sodass die Kinder bequem ihre Straßenschuhe aus- und die Hausschuhe selbst anziehen können. An zwei Wänden hängt eine Garderobe, eine Holzkonstruktion, die die pädagogischen Fachkräfte selbst entwickelt haben: Ganz unten an der Garderobe befinden sich durch kleine Leisten abgetrennte Abstellmöglichkeiten für die Schuhe. Auf jedem Schuhfach ist ein eindeutig erkennbares Symbol angebracht, sodass für jedes Kind ersichtlich ist: „Das ist der Platz für meine Schuhe." Und selbstverständlich stellt es dann auch seine Schuhe dorthin.

Eine massive Kleiderstange verläuft waagerecht über den Schuhregalen, ebenfalls mit Abgrenzungen gestaltet. Jedes Kind weiß: „Genau über meinen Schuhen ist der Platz für meine Jacke." Hier hängt das Kind selbstständig seine Jacke auf. Dabei kann es zwischen einem Bügel und einem Kleiderhaken wählen. Manche Kinder bevorzugen den Kleiderbügel, denn das ist anstrengender. Am oberen Ende wird die Kleiderstange durch eine Regalplatte abgedeckt, auf der ebenfalls wieder jedes Kind seinen fest markierten Platz hat: „Hier kommt meine Mütze hin und alles, was ich mit nach Hause nehmen will." Ein Namensschild teilt dem Kind zusätzlich zum Symbol mit: „Das ist meine Garderobe. Hier ist mein Platz."

Die vorbereitete Umgebung im Sinne Montessoris beginnt also bereits im Vorraum. Durch all die darin enthaltenen praktischen Übungen erfährt das Kind: „Deine Ordnung hilft dir."

Auf dem Flur zum Gruppenraum

Verlassen wir die Garderobe. Durch die ehemalige Wohnungstür, gelangen wir über einen Gang zum Gruppenraum. Hier fällt auf, dass die Türgriffe in angemessener Höhe für ein Kind angebracht sind, nicht für den Erwachsenen. Wer Wert darauf legt, dass die Kinder die Türen leise öffnen und schließen lernen, darf die Türgriffe nicht auf Kopfhöhe der Kinder befestigen.

Auf dem Flur gehe ich vorbei an einigen Kindern, die dort arbeiten. Ein Junge kämmt gerade ausgiebig eine Perücke. Andere Kinder sind im Gruppenraum. Zwei Kinder machen sich gerade auf den Weg zur Nachbargruppe. Einige musizieren miteinander im Begegnungsraum, der zwischen den beiden Gruppenräumen liegt. Ein einzelnes Kind sitzt vor dem Aquarium und betrachtet versunken die Fische.

Das ist es, was Montessori mit „freier Wahl des Arbeitsplatzes" meint. Den Kindern wird die Verantwortung übergeben und zugemutet, sich einen Arbeitsplatz zu wählen. Sie werden ihn für sich nutzen.

Die Bewegungsbaustelle

Im ehemaligen Kellerraum des Hauses ist eine Bewegungsbaustelle untergebracht. Es gibt klare Regeln, wer sie wann und wie nutzen kann. Namenskarten und die Anwesenheit einer Zweitkraft signalisieren die Zeiten.

Der Gruppenraum

Der eigentliche Gruppenraum ist durch **offene Regale** gegliedert, die sich alle **auf Blickhöhe der Kinder** befinden. Einige Kinder arbeiten auf dem Boden, haben sich zuvor aus einem senkrecht aufgebauten Regal **kleine Arbeitsteppiche** geholt und diese ausgebreitet. Die Botschaft lautet: „Dieser Arbeitsplatz gehört jetzt zu mir." Es ist zu beobachten, dass die Kinder sich sehr behutsam bewegen, um die Arbeit auf dem Arbeitsteppich nicht in Gefahr zu bringen. All dies geschieht leise und fast unmerklich.

In den Regalen finden sich zahlreiche Übungen des täglichen Lebens – ich zähle mehr als 30 verschiedene –, die Übungen der Sinne, die Übungen und Materialien zu Mathematik, Sprache und kosmischer Erziehung. In einem weiteren Regal gibt es Bücher, in einem anderen Puzzles verschiedener Schwierigkeitsgrade.

Jenseits eines von einem durch einen Springbrunnen gekennzeichneten **Ortes der Stille,** an dem man sich niederlassen und zum Beispiel die dort je nach Anlass aufgestellten biblischen Figuren betrachten kann, findet sich eine geräumige Zone, in der ein runder Tisch bereitsteht, der **zum freien Frühstück** benutzt werden kann. Ein Kind holt aus einem Regal ein Tischtuch, Teller und Becher; es will wohl für andere, die mit ihm frühstücken wollen, den Tisch vorbereiten.

Im Gruppenraum fällt ein durch eine Holzwand abgetrennter Nebenraum auf. Durch ein Glasfenster, in Augenhöhe der Erwachsenen, kann man hineinschauen – die Tür ist nach Kindermaßen gebaut. Will ein Erwachsener dort hinein, muss er sich ganz klein machen. Es handelt sich um einen Raum für **Rollenspiele.** Auch hier ist durch Namenskärtchen geregelt, wer hinein kann. Daneben gibt es einen zweiten derartigen Raum mit einem **Bauteppich.** Unabhängigkeit – der Erwachsene muss sich klein machen, um zum Kind zu gelangen: Das haben sich die Pädagogen dabei gedacht.

Jeder Platz in dieser kleinen Einrichtung und alle Materialien sind gekennzeichnet von Klarheit, Ordnung, Zuverlässigkeit und Ästhetik. Gerade bei Kindern mit schwierigem sozialem Hintergrund hat sich erwiesen, so erfahre ich hier wieder, dass Schönheit und Ordnung für sie nicht nur wohltuend sind, sondern geradezu die Voraussetzung für eine gelingende Kommunikation, besonders auch in der deutschen Sprache.

Es ist unbestreitbar: Die Kinder werden wie das, was sie lieben. Liebenswert sind Kinder allemal, aber es ist an den Erwachsenen, ihnen mit Kompetenz und Empathie zu begegnen und ihnen eine angemessene, fordernde, herausfordernde und Bildungsprozesse behutsam, aber konsequent öffnende vorbereitete Umgebung zu schaffen und zu vermitteln. Ohne Einschränkungen gilt dies auch aus inklusiver Perspektive.

3.3 Montessori-Praxis im Alltag des Kinderhauses – die Materialien

Für die ersten sechs Lebensjahre bietet Montessori-Pädagogik eine Fülle an didaktischen Materialien. Zu unterscheiden sind:

- die Übungen des praktischen (täglichen) Lebens
- die didaktischen Sinnesmaterialien
- die elementaren Sprachmaterialien
- das elementare mathematische Material
- Material zur kosmischen Erziehung
- Übungen zu Stille und Ruhe

All diese Materialien und Übungen verlangen eine klar gegliederte und vorbereitete Umgebung, in Montessori-Pädagogik ausgebildete Fachkräfte und ein Team, das sich in Zielsetzung und pädagogischer Arbeit von der Montessori-Sichtweise des Kindes leiten lässt.

Die Übungen des praktischen (täglichen) Lebens

„Hilf mir, dass ich es allein tun kann“, oder: „Hilf mir, dass ich es selbst tun kann“ – so lautet der oft zitierte Appell eines Kindes an den Erwachsenen. Nicht ohne Grund handelt es sich dabei auch um den Leitsatz in zahlreichen Montessori-Einrichtungen. Das Kind will es selbst können. Und es wird zornig, wenn es von wohlmeinenden Erwachsenen am Üben und Erproben gehindert wird. Wer die Anstrengungen eines kleinen Kindes im Ringen um die Ausgewogenheit seiner Bewegungen studiert – sein Tasten, Greifen, Krabbeln, Aufrichten, Gehen –, dem wird deutlich, dass wir es hier mit einem ganz wesentlichen körperlich-seelischen Vorgang zu tun haben. Wenn es in der Montessori-Pädagogik um Bewegung geht, dann immer auch um Freiheit und Menschenwürde. Wer als Erwachsener unzeitig in kindliche Bewegungsabläufe eingreift, verletzt die Würde des Kindes.

In diesem Zusammenhang muss auch der Rang der Übungen des täglichen/praktischen Lebens verstanden werden. In der Montessori-Pädagogik sind die „Übungen des praktischen (täglichen) Lebens" Hilfen für das Kind, seine Unabhängigkeit zu erobern.

Eine Kerze soll entzündet werden: „Wer will es tun?" Paul kommt heran, er ist gerade mal vier Jahre alt. Er öffnet die Streichholzschachtel, nimmt das Streichholz zwischen die Finger, reibt es kraftvoll genug an der Zündfläche, sodass es entflammt, und entzündet behutsam, fast würdevoll die Kerze. Nun aber, als Paul das Streichholz ausblasen will, löscht er die Kerze gleich mit aus. Also: ungestört und entspannt noch einmal von vorne beginnen. – Die Kinder im Kreis schauen gespannt zu. Wird jetzt wohl ein Erwachsener kommen und dem Kind das Streichholz aus der Hand nehmen, weil das doch schneller geht? Paul wird und darf seine Übung des praktischen Lebens in Ruhe zu Ende bringen.
Als die Flamme brennt, schaut er zufrieden auf seine Hände, auf die Flamme und dann zunächst die Erzieherin und dann alle Kinder an: Er hat es geschafft.

Wie oft ist es jedoch zu erleben, dass Kinder, die bei genügender und guter Vorbereitung an und mit einem bestimmten Vorgang des täglichen Lebens wachsen könnten, durch einen überschnellen Eingriff des Erwachsenen selbst in einem so marginalen Bereich wie dem Kerzenanzünden an der Entfaltung ihrer Persönlichkeit zum rechten Zeitpunkt gehindert werden. Dies ist zum Beispiel gerade in den Garderoben von Kindergärten häufig zu beobachten. Was möglich wäre, wird aus Zeitmangel einfach nicht realisiert. Und schließlich hat man dann ein Kind, das gelernt hat, sich bedienen zu lassen.

In der Montessori-Pädagogik unterscheiden wir folgende Übungen des praktischen Lebens:

- Übungen zur Pflege der eigenen Person
- Übungen zur Pflege der Umgebung
- Übungen zur Pflege der Gemeinschaft
- Übungen zur Pflege der sozialen Beziehungen
- Übungen zur Pflege und Entwicklung der Bewegung

Übungen zur Pflege der eigenen Person

Ein bekanntes Beispiel sind die sogenannten „Verschlussrahmen", auch „Anziehrahmen" genannt. Sie ermöglichen es dem Kind, alle Formen von Verschlüssen wie Reißverschluss, Klettverschluss, große und kleine Knöpfe, Schleife und Schnalle Schritt für Schritt kennenzulernen, zu erproben und bei sich und anderen anzuwenden. Die einfachsten Rahmen dieser Art findet man bereits in der Montessori-Krippe.

Übungen zur Pflege der Umgebung

Vom Teppichklopfen mit einem für die Kinderhand passsenden Klopfer bis hin zum Blumenpflegebesteck, vom Besen bis zum Schuhputzzeug – all diese Materialien zur Pflege der Umgebung und viele andere mehr liegen den Kindern in klar strukturierter Form vor und unterstützen sie dabei, den Blick für das Notwendige zu schärfen und sich die entsprechenden Kompetenzen selbsttätig anzueignen.

Dabei geht es nicht darum, ein bestimmtes Ergebnis zu erreichen; entscheidend ist der Vorgang selbst. Insofern wiederholen die Kinder diesen Vorgang auch sehr oft, wenn das Ergebnis schon längst erreicht ist. Für den zweckorientierten Erwachsenen ist dies zunächst einmal befremdlich, für die Kinder nur natürlich.

Übungen zur Pflege der Gemeinschaft

Füreinander den Tisch decken und einander bedienen – das hört sich so einfach an. Aber es will gelernt sein, die Tischdecke schön über den Frühstückstisch auszubreiten, das Porzellangeschirr behutsam aufzudecken und anschließend wieder, zumindest das eigene Geschirr, sorgfältig zu spülen und fortzuräumen. Es gibt eine Fülle von Übungen zur Pflege der Gemeinschaft. Jede dieser Übungen ist wichtig und gibt dem Kind das Gefühl, „selbstwirksam", bedeutsam nicht nur für sich selbst, sondern auch für eine Gruppe, zu sein. Dass soziale Prozesse im Kinderhaus auch thematisiert werden, versteht sich von selbst: Es gibt regelmäßig Kinderkonferenzen.

Übungen zur Pflege der sozialen Beziehungen

Die altersgemischte Gruppe ist heute im Kita-Alltag selbstverständlich. Für Montessori war die altersgemischte Gruppe doch bereits im Jahr 1907 eine Realität, für die damalige Umwelt dagegen völlig unverständlich. Im Rahmen der Altersmischung kommt jedes Kind einmal in die Rolle des Jüngsten, des Mittleren, des Ältesten in der Gruppe. Damit verändert sich nicht nur die Rolle des einzelnen Kindes, sondern gleichzeitig auch seine Verantwortung innerhalb einer sozialen Gruppe.

Konsequent erleben Kinder in Montessori-Einrichtungen, dass ihnen Hilfe und Unterstützung gewährt wird, wenn sie darum bitten. Sie erfahren aber auch – durch die pädagogische Fachkraft oder ältere Kinder –, dass Hilfe angeboten, nie aber aufgedrängt und erst recht nicht aufgezwungen wird. Dies gilt sowohl für die Einrichtung eines Arbeitsplatzes als auch zum Beispiel beim Aufräumen.

Eine Fülle an Übungen ist von Montessori so konzipiert worden, dass es immer eines Partners bedarf, um die Übung erfolgreich abzuschließen. Damit erlebt das Kind unmittelbar die Bedeutung des sozialen Miteinanders.

Übungen zur Pflege und Entwicklung der Bewegung
Es scheint ja so leicht, eine Türe zu öffnen und zu schließen, einen Stuhl zu tragen, etwas leise abzustellen, durch den Raum zu einem Ziel zu tragen, um Hindernisse herumzugehen, ausgewogen im Kreis zu sitzen, zu stehen, zu hocken. Eine Fülle feinster fein- und grobmotorischer Impulse wird durch die Montessori-Materialien gesetzt. Für alle diese Übungen werden den Kindern im Rahmen der vorbereiteten Umgebung Materialien in adäquater Weise angeboten. Das Kind trifft die Entscheidung, ob es dieses Angebot annimmt. Die pädagogische Fachkraft beobachtet, ermutigt, führt gegebenenfalls in die richtige Handhabung des Materiales ein und zieht sich zum richtigen Zeitpunkt zurück.

Die Montessori-Übungen des praktischen (täglichen) Lebens finden zunehmend Beachtung und Bedeutung – nicht nur im Kinderhaus, sondern auch aus der Perspektive der Interkulturalität und der Arbeit mit Kindern mit besonderen Bedürfnissen (Inklusion).

Die Übung der Sinne und das Sinnesmaterial

Noch mehr als die zahlreichen Übungen des täglichen Lebens werden dem Besucher eines Montessori-Kinderhauses die vielfältigen Sinnesmaterialien ins Auge fallen. Übersichtlich angeordnet, zum Teil in eigens für sie konstruierten Regalen, weisen die Sinnesmaterialien auf besondere Weise dem Kind einen „Schlüssel zur Welt". Denn: „Nichts ist im Verstand, was nicht zuvor in den Sinnen war" (John Locke).

Der von Montessori so erfolgreich kultivierte Weg einer sensorischen Integration eröffnet dem Kind eine Fülle an Möglichkeiten, einen Zuwachs an sprachlicher Ausdrucksfähigkeit und in der Kombination beider ein großes Maß an Freiheit. Gerade deshalb soll und darf diese Umgebung nicht zufällig und unstrukturiert sein. Das Sinnesmaterial gibt da eine klare Ordnung vor und weist unmissverständlich einen Weg. Wir differenzieren nach:

* Material zur Unterscheidung von Dimensionen
* Material zur Unterscheidung von Farben
* Material zur Unterscheidung von Formen
* Material zur Unterscheidung von Strukturen
* Material zur Unterscheidung von Gewichten
* Material zur Unterscheidung von Geräuschen
* Material zur Unterscheidung von Gerüchen
* Material zur Unterscheidung von Geschmacksqualitäten
* Material zur Unterscheidung von Wärmequalitäten

Alle diese Materialien können im Folgenden nur kurz skizziert werden. Wenn man allerdings ihre verschiedenen Felder betrachtet, ahnt man auch, warum die kompetente Einführung in den sachlich richtigen Gebrauch des Sinnesmaterials einen großen zeitlichen Umfang in der Montessori-Diplom-Ausbildung einnimmt.

Material zur Unterscheidung von Dimensionen

Am bekanntesten ist wohl der „rosa Turm", der die Erfahrung von „groß" und „klein" ermöglicht. Das Material besteht aus zehn rosafarbenen Massivholzkuben, die sich in der Größe von 1 cm^3 bis zu 10 cm^3 unterscheiden. Neben der Wahrnehmung von Größenunterschieden bei gleichbleibender Form wird durch den vertikalen Aufbau des Turmes auch die Motorik geübt.

Der Turm kann – und das ist die erste Übung – von groß nach klein aufgebaut werden. Geschieht das Ecke auf Ecke? Werden die Kuben mittig gesetzt? Oder dreht man den Kubus jeweils um 45 Grad? Kann der Turm – was schwierig ist, aber faszinierend – von klein nach groß aufgebaut werden? Darüber hinaus gibt es noch eine ganze Reihe von Varianten.

Die „braune Treppe" – ein ebenso bekanntes Material – lässt die Größenveränderung in zwei Dimensionen erleben. Zehn hölzerne Prismen, alle 20 cm lang und braun lackiert, variieren in Höhe und Breite von 1 cm bis 10 cm. Die Variationen sind ähnlich vielfältig wie beim „rosa Turm".

Atemlose Stille herrscht, wenn ein oder zwei Kinder die „braune Treppe" und den „rosa Turm" vertikal aufeinander bauen. Immerhin gibt diese Konstruktion ein Gebilde von etwa 2 m Höhe. Und es mag durchaus sein, dass die Kinder sich eine Leiter zu Hilfe nehmen müssen.

Genannt seien hier auch noch die „roten Stangen", mit denen das Kind verschiedene Längen erfahren kann. Dies geschieht durch die Arbeit mit den zehn aus Holz gefertigten, rot lackierten Stangen, deren Länge von 10 cm bis zu 1 m um jeweils 10 cm zunimmt. Die Stangen können nicht nur der Länge nach geordnet werden, man kann sie auch in vielfältiger Weise kombinieren.

An den vier Blöcken der sogenannten „Einsatzzylinder“ mit ihren unterschiedlichen Abstufungen wird erlebt, wie bei gleichbleibender Form sich dennoch die Dimension verändern kann und wie Hohlräume und Körper einander entsprechen: hoch, niedrig, dick, dünn, groß, klein, schmal, breit, flach, tief, eng, weit ...

Bei diesen Sinnesmaterialien, wie auch bei den Übungen des täglichen Lebens, wird immer die Perspektive auf Transfermöglichkeiten mitgedacht. Bei den Einsatzzylindern übt das Kind unmerklich – Montessori nennt dies „indirekte Vorbereitung“ – die Arbeit mit jenen Fingern, mit denen es später einen Stift halten wird.

Die „farbigen Zylinder“ helfen beim Erkennen von Seriengesetzen, Strukturen und Ordnungsprinzipien. Sie nehmen die vorher erlebten Strukturen der Einsatzzylinder auf und wenden sie abstrahierend an.

Es ist vielleicht deutlich geworden, welch eine Fülle von Sprachanregungen, die in sogenannten Wortlektionen in einer späteren Phase der Arbeit mit dem Material ins Bewusstsein gehoben werden, sowohl in den Sinnesmaterialien als auch in den Übungen des praktischen Lebens stecken. Gleiches gilt auch für die im Folgenden kurz skizzierten Materialien.

Material zur Unterscheidung von Farben

Die sogenannten „Farbtäfelchen“ sind kleine Holzbrettchen, welche am oberen und unteren Ende jeweils eine Griffleiste haben und sorgfältig in einer Farbe beidseitig lackiert sind. In einem hölzernen Aufbewahrungskästchen finden sich je drei Mal zwei Brettchen mit den drei Grundfarben Rot, Gelb, Blau. Man kann diese Farben also leicht paarweise zuordnen. Wie dies geschieht, natürlich im Spiel, zeigt die pädagogische Fachkraft.

Wenn das Kind sicher ist und schließlich die Farben auch benennen kann, erfolgt ein Wechsel von den Grundfarben zu den Mischfarben oder schließlich zu einem dritten großen Kasten mit neun Fach- und damit Farbeinteilungen. Dort zum Beispiel stehen dem Kind jeweils sieben farbig abgestufte Täfelchen zum Auslegen und Vergleichen zur Verfügung. Hier ist das Zuordnen und Erkennen ungleich schwieriger.

Wenn das Kind schließlich die Täfelchen zu gleichfarbigen Gegenständen bringen und die Farben bestimmen und benennen kann, ist das Ziel erreicht.

Material zur Unterscheidung von Formen

Bitte nicht erschrecken: In einem Montessori-Kinderhaus gibt es eine umfangreiche „geometrische Kommode“. Sie besteht aus sechs Schubladen, die ein Kind mit Leichtigkeit herausziehen kann. In diesen Schubladen befinden sich alle geometrischen Grundformen in verschiedenen Varianten.

Eine „biologische Kommode“ bietet eine weitere Ergänzung. Hier finden sich, aus Holz ausgesät, nahezu alle Blattformen. Mit diesem Material können Flächen und Formen taktil erfahren, die Motorik differenziert und die Sensibilität für die Vielfalt der Natur gesteigert werden.

Mehrere Kästen mit „konstruktiven Dreiecken“, welche, farblich differenzierend, die Möglichkeit eröffnen, zahlreiche geometrische Grundformen zu kombinieren, bieten nicht nur indirekte Vorbereitung auf die Geometrie; sie sind auch ein ausgezeichnetes Konstruktionsmaterial von hoher ästhetischer Qualität.

Besonders beliebt bei den Kindern – durchaus Objekte, die sich wegen ihrer ästhetischen Form auch auf Schreibtischen von Erwachsenen finden – sind die „geometrischen Körper“.

Das Kind kann hier optisch und haptisch erleben, welcher Körper nur rollt, welcher nur durch Kippen zu bewegen ist, und welche Körper beides kann: rollen und kippen, wie zum Beispiel eine Säule. Wunderschön anzusehen und anzufassen in ihrem tiefen Blau, fordern die geometrischen Körper geradezu zu Kombinationen und zu Konstruktionen heraus.

Material zur Unterscheidung von Strukturen

Zu den verschiedenen Materialien, durch welche Oberflächenstrukturen erfahren werden können, gehören die sogenannten „Tastbretter“. Dies sind mit Sandpapier beklebte Flächen, wobei die Körnung ab- oder zunimmt und die Kinder so unterschiedliche Oberflächenstrukturen von rau und glatt erfahren können. Sie können diese Erfahrungen hinterher auch benennen und untereinander vergleichen: Welche Oberfläche ist wohl die raueste von allen?

Ein Kasten mit Stoffen bietet weitere Tastmöglichkeiten, an denen das Kind die unterschiedlichsten Eigenschaften erfahren kann: grob und fein, locker und fest, hart und weich, glatt und rau … Ob ein Kind dann auch Samt und Seide benennen und unterscheiden kann? Wenn es will, ganz gewiss!

Material zur Unterscheidung von Gewichten

Die Gewichtsbrettchen sind ein „Schlüssel zur Welt“ im Hinblick auf die Erfahrung von: leicht, leichter – schwer, schwerer – am leichtesten, am schwersten. Bei den angebotenen Holztäfelchen im ersten Kasten sind, analog den Farbtäfelchen, immer zwei miteinander zu paaren. So lassen sie das

Kind erleben, ob das, was auf der linken wie auf der rechten Hand liegt oder aufgelegt wurde, gleichgewichtig ist oder sich unterscheidet.

Mithilfe einer kleinen Balkenwaage – durchaus nicht unbewusst ein erstes Erfahren von Gleichungen – erlebt das Kind auf eine weitere Weise: Was ähnlich aussieht, muss nicht gleich schwer sein.

Material zur Unterscheidung von Geräuschen

Die „Geräuschdosen" bestehen aus zwei Holzkästen. Der eine Kasten hat einen roten, der andere einen blauen Deckel. Die Kästen enthalten jeweils sechs Dosen, entweder rot oder blau verschlossen. Diese Dosen sind mit verschiedenen Materialien gefüllt und machen beim Schütteln sehr gut differenzierbare Geräusche. Direkt am rechten und/oder linken Ohr werden die Geräuschdosen mit einer bestimmten Griffhaltung geschüttelt und akustisch miteinander verglichen. Weil die Dosen von Optik und Gewicht her ansonsten völlig identisch sind, wird auch hier das Prinzip der „Isolierung von Schwierigkeiten" realisiert.

Wenn das Kind die Geräusche unterscheiden, sie ordnen und paaren kann, werden in einem späteren, nächsten Schritt unter Begleitung der pädagogischen Fachkraft die Begriffe „laut – leise", die entsprechenden Steigerungen „lauter – leiser" sowie die Vergleichsformen „so leise wie ..." oder „lauter als ..." erlebt und verbalisiert. Eine Fülle von Handlungs- und transferbezogenen Übungen schließt sich an.

Das wunderbare Glockenspiel ist ein zentrales Material der Montessori-Musikpädagogik. Hierzu gibt es – nach dem Diplom – eine besondere Zusatzausbildung (siehe Seite 80).

Material zur Unterscheidung von Gerüchen

Aus sogenannten Sinnesparcours sind die dort oft aufgestellten Riechbäume bekannt. Montessori hat sehr früh herausgefunden, wie bedeutsam die Differenzierung von Gerüchen ist. Daher hat sie die sogenannten „Geruchsdosen" entwickelt. In diese Dosen sind Substanzen mit klar unterscheidbaren Gerüchen so eingefüllt, dass die Kinder sie durch die Öffnung der Behälter gut riechen, aber nicht sehen können.

Wieder geht es hier um die bekannten Prinzipien des Vergleichens und Paarens, schließlich auch des Benennens. Das setzt allerdings voraus, dass Doseninhalte wie zum Beispiel Kakao, Anis, Minze etc. auch im Umfeld vorhanden sind und den Kindern nahegebracht werden können.

Material zur Unterscheidung von Geschmacksqualitäten
Die Geschmacksgläser bestehen aus acht Gläschen, acht Pipetten und den dazugehörigen kleinen Löffeln. Die pädagogische Fachkraft stellt vor den Augen der Kinder Geschmackslösungen her, bestückt dann jeweils zwei Gläser mit der gleichen Lösung. Anschließend ist es die Aufgabe der Kinder, zu schmecken und zu vergleichen. Ein Tropfen wird dem Glas mit der Pipette entnommen, auf den Löffel gegeben, gekostet, verglichen. Der Transfer findet mit konkreten Nahrungsmitteln statt. Mögliche Wortlektionen sind zum Beispiel: „süß, sauer, salzig, bitter ...“ – und schließlich: „Süß wie Honig oder wie Schokolade“, „Salzig wie die Gurke aus dem Glas“, „Sauer wie ...“.

Material zur Unterscheidung von Wärmequalitäten
Die „Wärmekrüge“ aus Metall werden mit unterschiedlich temperiertem Wasser gefüllt – ausgehend von einem Krug-Paar mit Körpertemperatur (ca. 37°) bis zur Maximaltemperatur von etwa 46 Grad. Paar für Paar können die Krüge mit den Händen umfasst und die Wärmequalität erspürt werden. Vergleichend greift das Kind zwischenzeitlich immer wieder zu den Krügen mit der Ausgangstemperatur zurück. Die späteren Wortlektionen könnten lauten: „warm – heiß, kühl – kalt, kälter als ...“ etc. Auch diese Erfahrungen können unmittelbar auf den Alltag übertragen werden: Die Heizung ist warm, das Wasser ist heiß ...

Bei all dieser Vielfalt und den erstaunlichen, aus den Materialien erwachsenden Möglichkeiten, welche die Besucher in Montessori-Einrichtungen immer wieder faszinieren, darf eines nicht vergessen werden: All diese Materialien sind nur Mittel zum Zweck. Es geht immer und zuerst darum, den Aufbau einer freiheitsfähigen, charakterstarken Persönlichkeit zu ermöglichen. Wer erkennen, benennen, vergleichen, anwenden kann, hat an Autonomie gewonnen.

Elementares mathematisches Material und Sprachmaterial

Manche Besucher in Montessori-Kinderhäusern sind, vorsichtig gesagt, erstaunt, dass die Kinder dort bereits mathematische Operationen im Bereich bis 10.000 ausführen – und dies mit einer Sicherheit und Selbstständigkeit, die außergewöhnlich erscheint.

Das Erstaunen wächst, wenn an einer anderen Ecke am Fußboden ein Kind zum Beispiel mit einem „beweglichen Alphabet“ eine kleine Geschichte legt. Ist das denn normal für Kinder in diesem Alter?

Diese elementaren Sprach- und mathematischen Materialien sind nichts anderes als die von Montessori beobachtete Antwort auf eine Sensibilität des drei- bis sechsjährigen Kindes. Kinder haben ein Recht auf Rechnen, Lesen und Schreiben, wenn sie dazu bereit sind. Grundsätzlich werden dem Kind die Materialien immer nur angeboten, niemals jedoch aufgedrängt.

Mathematik und Sprache werden immer im Handeln erfahren. Das Kind erlebt Zahlen, das Dezimalsystem, die Buchstaben, die Schrift. Es bestimmt dabei sein eigenes Tempo. Einen Leistungsanspruch oder eine Leistungserwartung gibt es nicht. Dabei kann sich das Kind auf einen Montessori-Pädagogen verlassen, der die selbst gesteckten Ziele des Kindes akzeptiert und ihm konsequent zur Seite steht, sich aber dann zurückzieht, wenn er nicht mehr gebraucht wird.

Im Folgenden werden einige ausgewählte Mathematik- und Sprachmaterialien, die im Kinderhaus zu finden sind, kurz vorgestellt. Sie stehen im Zusammenhang mit einer großen Fülle weiterer Materialketten, welche in Sprach- und Mathematikwissen der Grundschule hinein und darüber hinaus führen.

Entwicklung des Zahlenbegriffs und der Vorstellung von Mengen

Betrachten wir als erstes die „numerischen Stangen“ – auch blau-rote Stangen genannt. Diese sind in den Abmessungen mit den roten Stangen identisch, verschieden lang, jedoch durch die blauen und roten Farben in gleichlange Einheiten eingeteilt. Jede Einheit ist 10 cm lang. Benannt werden die Stangen nach der Anzahl ihrer Abschnitte.

Praktisch beginnt die Übung folgendermaßen: Man nimmt die erste Stange, berührt sie mit der Hand und sagt: „Eins, das ist eins.“ Ebenso wird mit den restlichen Stangen verfahren. Das Kind lernt so spielerisch und immer im Zusammenhang mit einer Bewegung die Namen und die Reihenfolge der Ziffern von 1 bis 10. Zahlreiche Spiele und Varianten sind möglich.

Die „Sandpapierziffern“ bieten einen anderen Zugang zur Entwicklung des Zahlenbegriffs, nämlich über die Fingerspitzen. Zehn Brettchen (blau oder rot) stehen zur Verfügung. Die entsprechenden Ziffern sind aus Sandpapier aufgeklebt. Schritt für Schritt lernt das Kind die optischen Zeichen für die begrifflich bereits vertrauten Zahlen. So erhält es den Schlüssel zur Welt der geschriebenen Zahlen, und das spätere Schreiben von Ziffern wird unaufdringlich sensomotorisch vorbereitet.

Schließlich werden die Ziffern an die blau-roten Stangen gelegt, sodass das Kind auf zwei Ebenen Zugang zum Bereich von 1 bis 10 hat: durch die Ziffern und durch die Stangen. Die Beziehung zwischen Menge und Ziffer vollzieht sich spielerisch, motorisch und gleichzeitig kognitiv – immer also ganzheitlich. Zuerst wird die Pädagogin sehen, ob das Kind Zahl und Menge (Länge) zuordnen kann. Mit zunehmender Gewissheit kontrolliert sich das Kind dann selbst. Es weiß zum Beispiel, was vor und was nach der Drei kommt. Das Kind kann anhand von anderen, im Raum vorhandenen, klar zählbaren Gegenständen überprüfen, ob die abstrakte Ziffer und die Menge der Gegenstände zueinander passen.

Bekannt sind auch die „Spindelkästen". Hier geht es darum, bei den zehn Aussparungen in den Kästen jeweils die Menge an Spindeln hineinzulegen, die oben als Ziffer zu erkennen ist. In den ersten Kasten gehört gar nichts hinein. So erfährt das Kind auch die Menge der Null.

Mit den „Ziffern und Chips" – zu den Ziffern von 1 bis 10 wird die entsprechende Menge Chips gelegt – lässt sich nicht nur die geordnete Menge der Zahlen visualisieren, indirekt vorbereitet werden auch Teilbarkeit und Vervielfachung. Denn unter der Ziffer liegt die jeweils zugehörige Menge der Chips. Drei Chips zum Beispiel liegen neben drei weiteren unter der Ziffer Sechs. Es wird sichtbar: „Ich habe 2 × 3 Chips nebeneinander liegen. Von oben nach unten betrachtet sind es 3 × 2 Chips. Und wie ist das dann bei der Ziffer Sieben?" Die Kinder kommen auf diese behutsame und spielerische Weise zum mathematischen Denken. Und dies gilt für alle weiteren mathematischen Materialien – direkt und indirekt.

Das „goldene Perlenmaterial" – Einführung in das Dezimalsystem

Das bekannte „goldene Perlenmaterial" erschließt dem Kind das Dezimalsystem. Zum Perlenmaterial gehört ein Tablett mit einer einzelnen Perle, einem Stäbchen mit zehn Perlen, einem Hunderterquadrat aus zehn Zehnerstäbchen, einem Tausenderwürfel aus zehn Hunderterquadraten. Zum nächsten Tablett gehören Kuben, Quadrate, Zehnerstäbchen und einzelne Perlen; ein weiteres Tablett – leer – gehört ebenfalls zum Material.

Schritt für Schritt wird das Material, soweit das Kind danach verlangt, von der qualifizierten Montessori-Pädagogin eingeführt. Wenn die Kinder Mengen und Namen bereits optisch miteinander kombiniert haben, wiedergeben und wiedererkennen können, wenn also die Grundvorstellungen gefestigt sind, wird ein „Kartensatz" eingeführt. In einem Kasten dazu befinden sich Ziffern von 1.000 bis 9.000 auf Karten in grüner Farbe, von 100 bis 900 in roter Farbe, von 10 bis 19 in blauer Farbe, von 1 bis 9 in grüner Farbe. Auch hier erfolgt die Einführung schrittweise und sehr behutsam. Zunächst nennt das Kind die Ziffern von 1 bis 10, die es ja bereits kennt. Die Erzieherin zeigt ihm dann die Karte 100, lässt das Kind die Nullen zählen und erklärt, dass zwei Nullen das Zeichen für die Hunderter sind. Für die Karte mit 1.000 erfolgt das gleiche Vorgehen. Nun liest das Kind die Ziffern von 1 bis 10. Es weiß: Eine Null ist das Zeichen der Zehner. Anschließend wird die Reihe von zwei bis zu neun Zehnern vorgelesen, und das Kind wiederholt, bis es sie erfasst hat. So geht es dann mit 100 weiter. Eigentlich braucht das Kind nur die Ziffern von 1 bis 9 zu beherrschen und die Menge der Nullen als Zeichen für Zehner, Hunderter und Tausender zu erkennen. Dann kann der Kartensatz geordnet ausgelegt werden. Die Weiterarbeit im Dezimalsystem beginnt.

Ist das denn alles kindgemäß? Kinder sind fasziniert von Zahlen, und je größer die Zahlen werden, desto begeisterter sind sie. Erwachsene dürfen ihnen diese Chance nicht nehmen. Die Erfahrungen zeigen – und zwar weltweit –, dass gerade von diesem goldenen Perlenmaterial eine große Faszination ausgeht und sich die Kinder – bis in die abstrakte Mathematik hinein – mit den mathematischen Operationen wohl fühlen.

Anfänge des Schreibens und Lesens

Ein etwa fünfjähriges Mädchen kommt ins Kinderhaus und geht zuerst einige Zeit suchend durch den Raum. Dann bewegt es sich zielstrebig auf einen Holzständer zu. Kleine Teppiche stehen dort nebeneinander. Das Mädchen holt sich einen Teppich, sucht sich Platz am Fußboden und rollt ihn aus. Es scheint genau zu wissen, was es vorhat, denn als nächstes geht das Mädchen auf ein Regal zu. Obenauf, aber durchaus in Griffhöhe, liegt ein großer Holzkasten, den es nicht ohne Anstrengung zu seinem Arbeitsplatz trägt. Es handelt sich – nachdem der Deckel geöffnet ist, gut zu erkennen – um eine Art Setzkasten, der das Alphabet in ungefähr zwölf Zentimeter hohen, blauen Kleinbuchstaben enthält. Und nun beginnt das Mädchen, Buchstabe für Buchstabe aneinanderzulegen. Worte entstehen – zuerst „Katze“, dann „Ball“, dann „Haus“, dann „Dach“. Dieses kleine Mädchen schreibt für sich offensichtlich eine Geschichte.

Für das Schreiben und Lesen hat Montessori eine ganze Reihe feinmotorischer Vorübungen anzubieten. So kann man zum Beispiel mit den Knöpfen der Einsatzzylinder (siehe Seite 61) oder den „metallenen Einsatzfiguren“ den Pfötchengriff üben. Letztere aber leisten noch einiges mehr: Aus zehn quadratischen Metallrahmen sind geometrische Figuren ausgesägt. Um diese aus den Rahmen zu nehmen, greift das Kind – wiederum mit dem Pfötchengriff, der zum Halten eines Stiftes dient – den Einsatz heraus und legt ihn seitlich von sich auf den Tisch. Ein Stück stärkeres Papier wird unter den Metallrahmen gelegt. Nun umfährt das Kind mit einem farbigen Stift den inneren Rand, möglichst in einer gleitenden Bewegung. Im nächsten Schritt nimmt es den Rahmen weg und setzt dann genau auf den gezeichneten Umriss den Einsatz, umfährt diesen wiederum, jetzt aber mit einem andersfarbigen Stift – und siehe da: Ein kleines Kunstwerk ist entstanden. Dieses Kunstwerk wartet geradezu darauf, im weißen Innenraum mit einer dritten Farbe so ausgemalt zu werden, dass Strich für Strich parallel nebeneinanderliegt und der Rand nicht überschritten wird. Hier wird die Koordination von Auge und Hand geübt, die immer neue Varianten zulässt und damit nicht nur indirekte Vorbereitung auf das Schreiben ist, sondern auch Kreativität und Fantasie herausfordert.

Ein Kind deutet auf einen Buchstaben und fragt: „Kannst du mir das mal zeigen?“ Es hat offensichtlich Interesse an Buchstaben. Hier bietet die vorbereitete Umgebung für Sprache die „Sandpapierbuchstaben“ an. Diese sind nach dem gleichen Prinzip konstruiert wie die Sandpapierziffern. Die Vokale haben eine blaue, die Konsonanten eine rosa Grundfarbe. Die Sandpapierbuchstaben sind gewissermaßen das Schlüsselmaterial für Analyse und Aufbau der Sprache – der gesprochenen wie auch der geschriebenen Sprache.

Oft sind jüngere Kinder fasziniert von dem, was ein älteres Kind tut:

Faruk schaut fasziniert zu, wie Pascal mit den Sandpapierbuchstaben arbeitet. Als Pascal zufrieden sein Material weggebracht hat, holt Faruk es sich und schaut dann fragend zur Erzieherin, die merkt: Faruk will das jetzt kennenlernen.
Der Erzieherin setzt sich neben ihn, nimmt sich einen Buchstaben – ein „F“ – und fährt mit zwei Fingern daran entlang. Klar und vernehmlich artikuliert sie den Klang ohne den Mitlaut: „Ffffff …“ So tönt es, und nach einigem Überlegen formulierte sie: „Fffff – wie Feuer.“ Faruk schaut sie an und sagt: „Oder wie Faruk.“ Er strahlt.

Es folgen andere Worte, die genau gleich anlauten. Niemals werden mehr als drei Buchstaben gleichzeitig eingeführt. Das Entlanggleiten an den Sandpapierbuchstaben aktiviert das motorische Gedächtnis, die Benennung vermittelt den Klang, das Auge nimmt die Form auf, der Hinweis auf konkrete Worte verweist auf den Transfer.

Später werden – immer vorausgesetzt, das Kind bekundet dafür Interesse – die beweglichen Alphabete, von denen es drei mit abnehmender Größe gibt, eingeführt. Jeder einzelne Buchstabe ist in einem eigenen Fach angeordnet. Zunächst bietet die Erzieherin dem Kind in einem großen Kasten mit Einsatz die Buchstaben als Vokale (blau) und Konsonanten (rot) an. Sie bittet das Kind, ein kurzes Wort zu nennen oder schlägt selbst eines vor – zum Beispiel: „Oma!“ Durch langsames Vorsprechen wird das Kind unterstützt, das Wort vom Klang her zu analysieren und dann den passenden Buchstaben aus dem Kasten zu nehmen, um das Wort gleichsam aufzubauen. Nach einiger Zeit wird das Kind selbstständig Laute analysieren, Laut- und Schriftbild einander zuzuordnen. Es ist in der Lage, Worte selbst zusammenzusetzen: Es schreibt.

Montessori hat entdeckt, dass bei Kindern, die plötzlich Worte in Schriftbilder umsetzen können, eine wahre Lust am Schreiben ausbrechen kann, sodass sie von einer „Explosion des Schreibens“ spricht.

Die „Explosion des Lesens“ lässt nun nicht mehr lange auf sich warten. Ein Bauernhof aus Holz, in dem alles, was dort arbeitet und lebt, anzutreffen ist, will durch die Zuordnung von Lesekarten dem Kind vertraut gemacht werden. Lesekarten bieten generell die Brücke zu zahlreichen Gegenständen im Raum. In Körbchen angeboten, vom Kind selbst ausgewählt, werden Lesen und Raum miteinander in Beziehung gebracht, Bewegung wird zielgerichtet; es macht Freude, Sprache für sich nutzbar zu machen.

Ein wenig erstaunt bin ich als Besucher eines Kinderhauses schon, als ich an einem Fenstergriff ein Pappkärtchen mit dem Wort „window“ hängen sehe. Auf meine Frage, ob denn der Umgang mit der englischen Sprache nicht noch ein bisschen zu früh für die Kinder sei, meint die Erzieherin: „Ach, wissen Sie, wir haben hier ein zweisprachig aufwachsendes Kind. Und das wollte auch mal was in Englisch lesen; das ist die Sprache seines Papas. Wenn es die Karte umdreht, findet es den Begriff dann auch auf Deutsch.“

Die Übung der Stille – „Lektion des Schweigens“

> „Man sagt zum Beispiel: ‚Ruhe!‘ Da haben wir es, das Kommando! Und gerade um ‚Ruhe‘ zu haben, schlägt man noch auf irgendetwas. Das ist wahrlich ein Widerspruch. Es ist völlig unlogisch! Nun, wenn wir das Schweigen wollen, müssen wir es lehren“ (Montessori 1978, S. 68).

Diese Aussage ist typisch für Maria Montessori. Schonungslos deckte sie die Widersprüchlichkeit erwachsenen Handels auf. Wer kennt nicht die beschriebene Situation, in der ein Pädagoge quer durch den Raum brüllt: „Ruhe!“ – Aber wollen die Kinder überhaupt Stille, wollen sie Ruhe? Wollen sie vielleicht sogar Schweigen? Wir haben es hier ja immerhin mit Kindern in den ersten sechs Lebensjahren zu tun, und wie oft hört man von Erwachsenen: „Die müssen sich mal richtig austoben!“ Was versteht ein Erwachsener darunter?

Es gibt auch die Gegenbewegung: eine erzwungene Stille. Hier spielt der Erwachsene seine überlegene Macht gegen möglicherweise ihm unangenehme Bedürfnisse der Kinder aus. Diese Stille provoziert Aggressivität. Montessori spricht darum von „negativer Stille“ (Montessori 1978, S. 172 f.). Eine innerlich bejahte, vom Kind gewünschte, also zu ihm passende Stille, das will Montessori-Pädagogik auf jeden Fall ermöglichen.

Montessori berichtet hier von einem Schlüsselerlebnis: Als sie ein kleines Baby auf den Armen hält, fragt sie die staunend umherstehenden Kinder: „Niemand von euch kann wohl so leise atmen wie dieses Baby?“ Und verblüfft beobachtet sie die Reaktionen der Kinder. Sie halten den Atem an, sie finden konzentriert über die Ruhe zum Schweigen. Daraus entwickelte Montessori, nachdem sie festgestellt hat, dass dies einem Bedürfnis der Kinder entspricht, ihre „Lektion des Schweigens“.

Eine solche Schweige-Lektion kann ohne großen Aufwand in jeder Einrichtung durchgeführt werden. Einige Bedingungen sind zu berücksichtigen:

1. Eine Übereinkunft aller Beteiligten muss herbeigeführt werden. Eine Schweige-Lektion kann man nicht erzwingen. Wer das Kind in seiner spontanen Aktivität zur freien Arbeit ernst nimmt, hat auch seine Bereitschaft zum Schweigen zu respektieren. Die Schweige-Lektion ist also ein Angebot.
2. Die Übung des Schweigens muss vorbereitet werden. Zunächst einmal muss die pädagogische Fachkraft selbst innerlich auf diese Übung eingestellt sein. Wenn sie selbst aufgewühlt, unruhig, unkonzentriert ist, spüren das die Kinder sofort, und die Übung ist zum Scheitern verurteilt. Die Vorbereitung der Kinder vollzieht sich dann in mehreren Stufen:
   - Es wird alles aufgeräumt.

- Die Kinder nehmen eine bequeme Sitzhaltung ein.
- Durch behutsame und sparsame Führung lenkt die pädagogische Fachkraft das Bewusstsein der Kinder auf den Körper – auf Füße, Beine, Becken, Oberkörper, Arme – und schließlich auf die Atmung. Ob dabei die Augen geschlossen sind, bleibt dem Kind überlassen.
- Nun wird die Stille wahrgenommen. Nichts mehr als das. Es wird keine Musik eingespielt, kein Wort gesprochen, keine Unterbrechung darf stattfinden. Das kann bei der ersten Erfahrung über einen Zeitraum von ein bis zwei Minuten schon sehr lange sein. Die Erzieherin wird beobachten, wie die Kinder sich verhalten.
- Die Übung der Stille wird eindeutig beendet. Das kann durch ein leises akustisches Signal geschehen; noch eindrücklicher aber ist es, folgt man hier Montessori, wenn die pädagogische Fachkraft zu einem bestimmten Punkt im Raum geht, leise die Namen der Kinder aufruft, diese sich erheben, zu ihr gehen und dort verharren, bis alle Kinder da sind.
- Die Erfahrungen werden nicht verbalisiert. Das Schweigen an sich ist zu wertvoll, sodass es undiskutiert bleibt.

Gerade diese Einfachheit ist es, welche Montessoris „Lektion des Schweigens“ aus dem fast unüberschaubaren Angebot an sonstigen Stille- und Schweigeübungen heraushebt. Für die Montessori-Pädagogik ist das Schweigen an sich so wertvoll, dass es für sich stehen darf. Die Kinder finden von dort aus wieder gesammelt zu ihrer Arbeit. Es gibt bei Montessori auch Übungen, um zur Ruhe zu finden, zum Beispiel das bekannte „Gehen auf der Linie“.

Während einer solchen Schweige-Lektion, soweit sie auf Kontinuität angelegt ist, lässt sich feststellen:

- Die Sensibilität für Geräusche wächst.
- Die innere Disziplin ist gefordert und wird geübt.
- Neue Erlebniswelten eröffnen sich dem Kind.
- Kinder erfahren den Frieden um sich und in sich.
- Die Bedürfnisse anderer werden sensibler aufgenommen.
- Die Sensibilität für Klang, Wort und Sprache verfeinert sich.
- Eine religiöse Dimension wird behutsam eröffnet.

Kosmische (ökologische) Erziehung

„Kosmisch“ – ein Begriff, der schillernd und möglicherweise auch missverständlich ist. Montessori geht davon aus, dass dem Menschen eine in sich stimmige, wunderbare Schöpfungsordnung vorgegeben ist: der Kosmos.

Alles in diesem Kosmos hat Bedeutung für sich und für das Ganze. Der Mensch allerdings kann in seiner Freiheit in diese Ordnung durchaus nachhaltig eingreifen. Darum ist es seine Aufgabe, verantwortlich mit seiner Freiheit umzugehen. Dies meint Montessori, wenn sie davon spricht, dass eine „kosmische Erziehung“ notwendig sei.

> „Kosmische Erziehung ist der Plan für die Entwicklung des Kindes in jedem Stadium; denn kosmische Erziehung ist die Form, wie das Kind sich zum Universum und zur Menschheit verhält, sodass es befähigt wird, in sich die ganze mögliche Entwicklung zu verwirklichen, die sein besonderes Geburtsrecht ist“ (Stephenson 1972, S. 19).

Die Praxis der kosmischen Erziehung in den ersten sechs Lebensjahren setzt bei elementaren Phänomenen an. Kinder machen unendlich viele Erfahrungen und stellen sich zunehmend – gerade im Kindergartenalter – entsprechende Fragen. Hier ist es gut, wenn die Erzieherin faszinierend erzählen und – von den Erfahrungen der Kinder ausgehend – einführen kann in die großen Phänomene und Zusammenhänge der Welt. Einige Themen seien hier exemplarisch genannt:

- Unsere Welt (vom Globus bis zum eigenen Kinderzimmer)
- Tag und Nacht
- Jahreszeiten
- Wetter
- Sonne, Mond und Sterne (Planeten)
- Wasser, Licht, Luft
- Boden-Schätze
- Tiere und Pflanzen
- Mechanik, Magnetismus, Strom
- Der menschliche Körper
- Gestern – heute – morgen: das Phänomen Zeit
- Essen – Trinken
- Feiern

An diesen Themenfeldern wird deutlich, dass es hier zwar um Wissen und Kenntnisse geht, aber niemals – und das ist auch im Schulalter der wesentliche Unterschied zur Fachdidaktik – ohne die großen Zusammenhänge und Perspektiven außer Acht zu lassen. So verbinden sich Geschichts- und Naturwissenschaften mit Philosophie und Ethik, mit Religion und Glauben. Damit ist die Montessori-Pädagogik der aktuellen Diskussion um „Kinder als Forscher“ weit voraus.

3.4 Montessori-Pädagogik und Inklusion

Der Begriff „Integration“ wurde durch die UN-Konvention über die Rechte von Menschen mit Behinderungen vom 13. Dezember 2006 in der fachlichen und politischen Diskussion weitgehend ersetzt durch den Begriff „Inklusion“. Welcher der beiden Begriffe die Erfordernisse, Ziele und Notwendigkeiten besser beschreibt, ist noch nicht zu Ende diskutiert (vgl. Klein in: Steenberg 2014, S. 58).

Klein weist darauf hin, dass, weltweit übereinstimmend, Montessori-Pädagogik als strukturinklusiv, nicht aber als ein sonderpädagogisches und therapeutisches Förderinstrument betrachtet werden kann. Wer das Kind als „Baumeister des Menschen“ sieht, geht konsequent von den jeweiligen Möglichkeiten des Kindes – ob mit oder ohne Beeinträchtigung – aus; das entsprechende Instrumentarium bieten sowohl die vorbereitete Umgebung als auch der mit ihr und durch sie vorbereitete Pädagoge.

Die vorbereitete Umgebung lässt sich gemäß der jeweiligen Beeinträchtigung des Kindes so gestalten, dass sie seinen individuellen Bedürfnissen entsprechen kann. Ein Beispiel: Ein Kind mit einer Spastik der Hände hat Probleme, die Einsatzzylinder zu greifen. Ein möglicher Weg besteht darin, die Griffknüppel durch das Überstülpen von Plastik-Sektkorken für dieses Kind griffiger zu machen. Wer gelernt hat, das Kind zu beobachten und seine Bedürfnisse zu analysieren, kann zunächst beschreiben, was erforderlich ist. Und der Schritt zur praktischen Übung ist dann in der Regel auch nicht mehr weit. Doch ist zentral dabei: Die Bedingungen müssen stimmen. Dies betrifft sowohl die räumliche als auch die personelle Ausstattung. In der Regel ist davon auszugehen, dass mindestens zwei Fachpädagogen mit Montessori-Ausbildung in der Gruppe vorhanden sein müssen.

Es hat sich erwiesen, dass sich Kinder mit körperlichen Beeinträchtigungen – wenn die Bedingungen stimmen – ohne Schwierigkeiten in eine Montessori-Gruppe hineinleben können. Bei Sinnesschädigungen muss der Einzelfall gesehen werden. Dies gilt ebenso für Stoffwechselerkrankungen sowie andere organische Beeinträchtigungen. In Bezug auf geistige Behinderungen unterschiedlicher Ursache ist sehr genau darauf zu achten, dass die Bedürfnisse der Kinder auch adäquat befriedigt werden können.

Montessori-Pädagogik kann das gemeinsame Leben und Lernen von Kindern mit oder ohne Beeinträchtigung ganz wesentlich erleichtern. Grundlage ist das in diesem Buch dargestellte Montessori-Gesamtkonzept – ausgehend von ihrer Anthropologie. Doch gehört auch eine gehörige Portion Realismus dazu, anzuerkennen, dass die heilpädagogische Wirksamkeit der Montessori-Pädagogik durchaus begrenzt ist.

4

Maria Montessori – ein Leben für Kinder

Am 31. August 1870 wird Maria Montessori als einziges Kind des Finanzbeamten Alessandro Montessori und seiner Frau Renilde in Chiaravalle bei Ancona/Italien geboren. Nach dem Besuch der sechsjährigen Grundschule (1876–1883) setzt sie es durch, dass sie die naturwissenschaftlich-technische Sekundarschule (1883–1890) besuchen darf. Gegen den Willen zumindest ihres Vaters hat Maria Montessori es schließlich erreicht, als erste Frau Italiens von 1892 bis 1896 ein Medizinstudium zu absolvieren, das sie am 10. Juli 1896 erfolgreich mit der Promotion abschließt. Diese Tatsache erregt international Aufsehen.

Im November 1896 noch Assistenzärztin an der chirurgischen Klinik, ist Maria Montessori ab dem Jahr 1897 in der psychiatrischen Klinik der Universität Rom tätig. Ein Schlüsselerlebnis in einer sogenannten Heilanstalt – Maria Montessori erlebt, wie angeblich geistesschwache Kinder mit Brotresten Figuren formen und schließt dadurch auf deren Entwicklungspotenzial – lässt sie nach neuen Wegen für die pädagogische Arbeit mit geistig Behinderten suchen. Sie studiert die medizinisch-heilpädagogischen Schriften der Franzosen Jean Marie Itard und Gaspard Séguin.

Im Jahr 1899 übernimmt Maria Montessori eine Dozentur am Ausbildungsinstitut für Lehrerinnen in Rom. Sie unterrichtet Hygiene und Anthropologie. Ein Jahr später wird sie zur Leitern eines pädagogischen Instituts zur Ausbildung von Lehrern für behinderte Kinder berufen. Dort wird es ihr ermöglicht, ihre eigene Methode zur Erziehung und Unterrichtung geistig behinderter Kinder weiterzugeben.

Nach der Geburt ihres Sohnes Mario – die Eltern heiraten entgegen der gängigen Moral der damaligen Zeit nicht – entschließt sich Maria Montessori im Jahr 1902, sich vertieft dem Studium der Pädagogik zu widmen. Sie gibt gleichzeitig die Institutsleitung ab. In den Jahren 1904 bis 1908 hält sie Vorlesungen über Anthropologie und Biologie am pädagogischen Institut der Universität Rom und arbeitet in der Lehrerinnen-Ausbildung mit. Etliche medizinische Publikationen erscheinen.

Am 6. Januar 1907 eröffnet Maria Montessori das erste „casa dei bambini" im römischen Proletarierviertel San Lorenzo. Die überraschenden pädagogischen Erfolge, die sie bei ihrer Arbeit mit geistig Behinderten verzeichnen konnte, wiederholen sich mit diesen Kindern aus sozialschwachen Familien.

In der Folge gibt sie ihre Erkenntnisse in Ausbildungskursen national und, nach weiteren großen Erfolgen, auch international weiter; ihr erster Kurs findet im Jahr 1909 statt. Gleichzeitig veröffentlicht sie ihre wesentlichen Grundgedanken.

Im Jahr 1911 gibt Maria Montessori ihre private Arztpraxis auf, um sich ausschließlich der internationalen Verbreitung ihrer Pädagogik zu widmen. Es folgen von großen Erfolgen begleitete Reisen in die Vereinigten Staaten. Im Jahr 1916 siedelt sie nach Barcelona über, um dort ein Haus der Kinder, die in der Kirche leben, zu gründen und pädagogisch zu betreuen.

Verschiedene Reisen führen Maria Montessori nach England, in die Niederlande, durch Italien, nach Deutschland, nach Frankreich. Parallel dazu finden ihre internationalen und nationalen Ausbildungskurse statt.

Weltweit werden nun Montessori-Kinderhäuser und Montessori-Schulen gegründet. Schließlich erstreckt sich der Einflussbereich der Montessori-Pädagogik, von Europa ausgehend, über die Vereinigten Staaten bis nach Indien und Japan.

Die unermüdlich reisende und tätige Maria Montessori kämpft in den Zwanzigerjahren des vergangenen Jahrhunderts zunehmend für die Erhaltung des Friedens. In engagierten Vorträgen macht sie deutlich, in welchem Maße Frieden und Erziehung zusammenhängen.

Mit dem Aufkommen des Nationalsozialismus in Deutschland und dem Sieg der Faschisten in Spanien wird ihr bisheriges Werk in fast ganz Europa zerstört. Maria Montessori muss aus Barcelona fliehen und nimmt 1936 Wohnsitz in Amsterdam. Dort allerdings, wo sich Montessori-Pädagogik dem totalitären Zugriff entziehen kann, denn auch in der Sowjetunion ist Montessori-Pädagogik bald vernichtet, blüht sie weiter. Im Jahr 1939 verlässt Maria Montessori Europa und lebt mit ihrem Sohn Mario bis 1946 in Indien, wo sie die indische Montessori-Bewegung aufbaut.

Als Maria Montessori im Jahr 1946 und später noch einmal, nach einer weiteren Reise nach Indien, im Jahr 1948 nach Europa zurückkehrt, scheint ihr Lebenswerk in diesem kriegszerstörten Erdteil nahezu vernichtet. Unermüdlich reisend, Kurse und zahlreiche Vorträge haltend, kann die nahezu Achtzigjährige zumindest in den Niederlanden, zunehmend aber auch im übrigen Europa, eine Wiederbelebung ihres Lebenswerkes erfahren.

Am 6. Mai 1952 stirbt Maria Montessori überraschend in Nordwijk aan Zee in den Niederlanden. Dort findet sich auch ihr Grab.

In Deutschland gibt es heute über 1.000 Montessori-Einrichtungen. Die meisten sind Kinderhäuser, aber auch Grundschulen, Sekundarschulen, Gesamtschulen, Gymnasien oder Fachschulen gehören dazu.

Literatur – Medien – Kontakte

Maria Montessori – Gesammelte Werke

In dieser Edition erscheinen seit 2010 in insgesamt 21 Bänden beim Verlag Herder die bisher veröffentlichten, aber auch eine Vielzahl noch unveröffentlichter Schriften als wissenschaftliche Werkausgabe. In zum Teil neuen Übersetzungen, versehen mit zahlreichen Fußnoten, Anhängen und Kommentaren zu den verschiedenen Auflagen sowie mit ergänzenden Passagen aus anderen Ausgaben vermitteln die Gesammelten Werke einen guten Einblick in die Entwicklung des pädagogischen Denkens Maria Montessoris und lassen die Textgenese nachvollziehen. Herausgeber der Reihe ist Prof. (em.) Dr. Harald Ludwig, Universität Münster. Bisher sind erschienen:

- Die Entdeckung des Kindes als Band 1, Freiburg ^{3}2015 (= Montessori 2010a)
- Erziehung und Gesellschaft als Band 3, Freiburg 2011
- Praxishandbuch der Montessori-Methode als Band 4, Freiburg ^{3}2015 (= Montessori 2010b)
- Das Kind in der Familie als Band 7, Freiburg 2011
- Psychoarithmetik als Band 11, Freiburg 2012
- Psychogeometrie als Band 12, Freiburg 2012
- Durch das Kind zu einer neuen Welt als Band 15, Freiburg 2013
- Kalifornische Vorträge als Band 5, Freiburg 2014
- Von der Kindheit zur Jugend als Band 14, Freiburg 2015

Pro Jahr werden ein bis drei Bände erscheinen, sodass das gesamte Werk voraussichtlich bis 2024 geschlossen vorliegen wird.

Weitere Schriften von Maria Montessori

- Kinder, die in der Kirche leben, Freiburg 1964
- Grundlagen meiner Pädagogik, Heidelberg 1965
- Von der Kindheit zur Jugend, Freiburg 1966
- Über die Bildung des Menschen, Freiburg 1966
- Das kreative Kind, Freiburg 1972

* Schule des Kindes, Freiburg 1976
* Kinder sind anders, Stuttgart 1978
* Spannungsfeld Kind – Gesellschaft – Welt, Freiburg 1979
* Kosmische Erziehung, Freiburg 1988
* Dem Leben helfen, Freiburg 1992

Aufsätze von Maria Montessori (in der Regel Vorträge)

* Das Haus der Kinder, Vortrag gehalten 1944 in Kodiakkanal/Südindien. In: Das Kind (Zeitschrift für Montessori-Pädagogik) 2014, Heft 56, Seite 8–21
* Die Freiheit muss aufgebaut werden, Grußwort Montessoris zur Eröffnung eines house of liberty in New York (1951). In: Montessori-Werkbrief 23 (1985), Heft 4, Seite 122 f.

Sekundärliteratur

AMI-Communications, Heft 2/3. Amsterdam.

Bowlby, John & Ainsworth, Mary (2005): Frühe Bindung und kindliche Entwicklung. München.

Butzkamm, Wolfgang & Butzkamm, Jürgen (1999): Wie Kinder sprechen lernen: Kindliche Entwicklung und die Sprachlichkeit des Menschen. Tübingen.

Dauzenroth, Erich (1989): Ein Leben für Kinder: Janusz Korczak, Leben und Werk (2. Aufl.). Gütersloh.

Hellbrügge, Theodor & Brisch, Karl- Heinz (Hrsg.) (2007): Die Anfänge der Eltern-Kind-Bindung – Schwangerschaft, Geburt und Psychotherapie. Stuttgart.

Höltershinken, Dieter & Scherer, Gertrud (2011): PEKiP – Das Prager-Eltern-Kind-Programm (4., erw. Aufl.). Bochum/Freiburg.

Holtstiege, Hildegard (1991): Erzieher in der Montessori-Pädagogik. Freiburg.

Holtstiege, Hildegard (1994): Modell Montessori: Grundsätze und aktuelle Geltung der Montessori-Pädagogik (8. Aufl.). Freiburg.

Holtstiege, Hildegard (1999): Das Menschenbild bei Maria Montessori: Grundzüge ihrer Anthropologie im Kontext der aktuellen Diskussion. Freiburg.

Holtstiege, Hildegard (1999): Beobachtung – erzieherische Grundqualifikation – Anleitung zu teilnehmender Beobachtung. In: Montessori (Zeitschrift für Montessori-Pädagogik), Heft 2/3, Seite 78–106.

Janus, Ludwig (2000): Der Seelenraum des Ungeborenen. Düsseldorf.
Klein-Landeck, Michael & Pütz, Tanja (2011): Montessori-Pädagogik: Einführung in Theorie und Praxis der Montessori-Pädagogik. Freiburg.
Ludwig, Harald (1999): Montessori-Pädagogik in der Diskussion. Freiburg.
Pikler, Emmi (2001): Lasst mir Zeit. Die freie Bewegungsentwicklung des Kindes bis zum freien Gehen (3. Aufl.). München.
Steenberg, Ulrich (2000): Friede und Erziehung – der Beitrag der Montessori-Pädagogik. In: Theo Winkels (Hrsg.): Montessori-Pädagogik konkret. Praxisorientierte Aspekte und schulische Konkretion. Bad Heilbrunn, Seite 126–133.
Steenberg, Ulrich (2007): Wir – Montessori-Pädagogik in der Familie (7. Aufl.). Ulm.
Steenberg, Ulrich (2012): Kinder kennen ihren Weg. Ein Wegweiser zur Montessori-Pädagogik (12. Aufl.). Ulm.
Steenberg, Ulrich (2013): Warum? Kinder suchen nach dem Sinn. Religiöse Erziehung und Montessori-Pädagogik (8. Aufl.). Ulm.
Steenberg, Ulrich (Hrsg.) (2014): Handlexikon zur Montessori-Pädagogik (überarb. u. erg. Neuaufl.). Ulm.
Stephenson, Margot (1972), Kosmische Erziehung. In: Montessori-Werkbrief 29, Seite 19–25.
Tomatis, Alfred (1999): Klangwelt Mutterleib: Die Anfänge der Kommunikation zwischen Mutter und Kind. Hamburg.

Filme (DVD)

Held, Sönke & Pütz, Tanja (2013): Montessori von Kindern und Wissenschaftlern erklärt. Einführung in die Pädagogik Maria Montessoris. Freiburg.
Held, Sönke & Pütz, Tanja (2014): Montessori von Kindern und Wissenschaftlern erklärt. Frühe Bildung. Freiburg.

Kontakte & Ausbildung

AMI
(Association Montessori Internationale)
161 Koninginneweg
NL – 1075 Amsterdam

Montessori-Europe e. V.
www.montessori-europe.com
(Internationale Kongresse)

Deutsche Montessori Vereinigung (DMV)
www.montessori-vereinigung.de
(Grundlagen und Standards der Weiterbildung)

Deutsche Montessori Gesellschaft (DMG)
www.montessori-gesellschaft.de
(Grundlagen und Standards der Weiterbildung)

Montessori-Akademie Süd e. V.
www.montessori-akademie-sued.de
(Montessori-Weiterbildung für Krippe, Diplom, Inklusion, Sekundarstufe, Beratung)

Montessori Dachverband Deutschland (MDD)
www.montessori-deutschland.de
(Vernetzung, Träger, Entwicklung)

Österreichische Montessori Gesellschaft (ÖMG)
www.montessori.at

Montessori Österreich Bundesverband (Moe-B)
www.montessori-austria.at

Assoziation Montessori Schweiz (AMS)
www.montessori-ams.ch